Dieter Herbst

Charisma ist keine Lampe

Dieter Herbst

Charisma ist keine Lampe

Wie Kollegen, Mitarbeiter, Vorgesetzte auf uns wirken und warum

GABLER

Bibliografische Information Der Deutschen Nationalbibliothek
Die Deutsche Nationalbibliothek verzeichnet diese Publikation in der
Deutschen Nationalbibliografie; detaillierte bibliografische Daten sind im Internet über
<http://dnb.d-nb.de> abrufbar.

1. Auflage 2008

Alle Rechte vorbehalten
© Betriebswirtschaftlicher Verlag Dr. Th. Gabler | GWV Fachverlage GmbH, Wiesbaden 2008

Lektorat: Maria Akhavan-Hezavei

Der Gabler Verlag ist ein Unternehmen von Springer Science+Business Media.
www.gabler.de

Umschlaggestaltung: Nina Faber de.sign, Wiesbaden
Satz: Sascha Niemann, N&N GbR, Mainz
Druck und buchbinderische Verarbeitung: Wilhelm & Adam, Heusenstamm
Gedruckt auf säurefreiem und chlorfrei gebleichtem Papier
Printed in Germany

ISBN 978-3-8349-0460-7

Vorwort

Vorgesetze, Kollegen, Mitarbeiter – Menschen im Arbeitsleben sind essenziell für uns: Wir orientieren uns an ihnen, sie geben uns Sicherheit, gemeinsam schaffen wir herausragende Leistungen. Gelungene Beziehungen tun uns gut, sie fördern unsere körperliche und psychische Gesundheit. Aber Menschen am Arbeitsplatz können uns auch behindern, bedrohen und bekämpfen. Wichtig also, dass uns jene auffallen, die gut oder schlecht für uns sind, dass wir sie richtig beurteilen und unser Handeln auf sie ausrichten.

Das erste Erkennen und Bewerten gelingt unserem Gehirn im Bruchteil einer Sekunde: Peng – so schnell wie ein Schuss ist die Zeit, die wir brauchen, um einen anderen Menschen zu erkennen. Peng – die Zeit eines Wimpernschlags reicht aus, um uns ein erstes Urteil über unseren neuen Kollegen zu bilden. Peng – ein Augenblick, der entscheiden kann, ob und wie wir unserem neuen Vorgesetzten künftig begegnen.

Vor vielen Jahren nahm ich an einer Abendveranstaltung in Berlin teil. Der Redner, Leiter einer Messegesellschaft, erklärte: „Wenn ein Bewerber durch die Tür kommt, kann ich sofort sagen, ob ich ihn nehme oder nicht." Zu dieser Zeit befand ich mich auf der Suche nach einem Job und unternahm alles, um noch besser zu werden und einen perfekten Eindruck bei den Bewerbungen zu hinterlassen. Die Aussage hat mich seinerzeit schockiert und ich habe sie seither nicht vergessen. Aber kann das tatsächlich sein? Auf der einen Seite arbeiten Menschen hart an sich, um den Erwartungen ihres Gegenübers noch besser zu entsprechen. Und das Ergebnis ist, dass sie beim Vorstellungsgespräch durch die Tür gehen und der Chef bereits sein Urteil gefällt hat? Ja, dieses Phänomen ist typisch. Wir entscheiden in den ersten Sekunden so, wenn wir einem neuen Menschen begegnen. Und wir entscheiden auch so, wenn wir nur das Foto des Menschen sehen.

Freilich, solche Blitzentscheidungen müssen nicht bedeuten, dass wir bei unserem Urteil bleiben, wenn wir die Person näher kennen lernen: Wir können uns Zeit nehmen, um mit anderen zu reden und mehr über sie zu erfahren; vielleicht stellen wir irgendwann fest, dass unser erster Eindruck falsch war. Geben wir uns diese Zeit nicht, bleibt es bei unserem ersten Eindruck und der Sekundenentscheidung.

Seit der Abendveranstaltung in Berlin interessiert mich die Wirkung von Menschen auf andere: Nach welchen Prinzipien funktioniert sie? Warum ist dies so? Dieses Buch handelt genau hiervon: Es handelt von der Wirkung, die andere Menschen auf uns ausüben. Vieles ist mittlerweile gut untersucht, aber vieles noch ungeklärt. Das Buch zeigt Ihnen unter anderem, wie uns Menschen ins Herz treffen. Denken Sie an Ihre Lieblingskollegin: Sie sehen sie vor ihrem inneren Auge quasi so, als ob sie vor Ihnen steht. Ihnen schießen Geschichten und Situationen am Arbeitsplatz durch den Kopf, die Sie mit ihr erlebt haben und Sie können diese detailliert beschreiben, selbst wenn sie viele Jahre zurückliegen. Während Sie an diese Kollegin denken, kann die Erinnerung ein angenehmes Gefühl auslösen, das Sie als Wärme spüren. Auch hiervon handelt dieses Buch.

Sie erfahren Interessantes über eines der faszinierendsten Phänomene, die es für uns gibt: die Wirkung anderer Menschen auf uns: Was geschieht in unserem Gehirn, wenn uns jemand in einer Gruppe auffällt? Was geschieht, wenn wir diesem Menschen in die Augen schauen? Wenn wir ihn näher kennen lernen? Wenn wir uns an ihn erinnern? Hätten Sie gewusst, dass Ihr Gehirn nach der Begegnung mit einem anderen Menschen nicht mehr das gleiche ist? Und: Bilden Sie Ihre Meinung über eine Person an Ihrem Arbeitsplatz überhaupt so, wie Sie annehmen? Ich verspreche Ihnen: nein! Ein Vorgeschmack? Stellen Sie sich einen Menschen vor, den Sie vom Arbeitsplatz kennen: Einmal wird er als neuer Chef vorgestellt, dann als Kollege und schließlich als Mitarbeiter – spüren Sie den Unterschied?

Eigentlich wollte ich darüber schreiben, wie wir besser auf andere Menschen wirken können. Dies sollte an mein Buch „Der Mensch als Marke" anknüpfen, das ich vor einigen Jahren herausgegeben habe. Doch als ich begann, die im Buchmarkt erschienenen Ratgeber zum „Selbstmarketing", „Image Design", „Ego-Marketing" zu lesen, merkte ich schnell, wie ich schon auf den ersten Seiten wusste, was auf den nächsten Seiten folgt: „Erkennen Sie Ihre Stärken", war da zu lesen und: „Nutzen Sie diese!". Die einen Ratgeber empfehlen: „Zeigen Sie Charisma!", die anderen empfehlen blaue Krawatten und Sitzhaltungen, die wir im Gespräch einnehmen sollen, um unser Gegenüber in seinem Urteil über uns zu beeinflussen. Das Problem ist, dass wir selbst unsere Stärken und Schwächen bewusst nur schwer erkennen können, wie wissenschaftliche Untersuchungen zeigen. Der weltbekannte Sozialpsychologe Timothy D. Wilson schreibt in seinem Buch „Gestatten, mein Name ist ich": „Einen Großteil unserer selbst können wir auch bei aufwändigster Selbstbeobachtung nicht direkt erkennen. Wie sollten wir unbewusste Eigenschaften, Zielsetzungen und Gefühle entdecken? ... Der Grund ... liegt darin, dass sich vieles von dem, was wir gerne über uns wissen würden, außerhalb unseres Bewusstseins abspielt".

Selbsterkenntnis ist also wesentlich schwieriger als die Ratgeber suggerieren. Und Charisma? Charisma lässt sich doch nicht einschalten wie eine Lampe! Vor allem erfahren wir aus den Ratgebern nicht wissenschaftlich fundiert, wie unser Gehirn bei der Begegnung mit anderen Menschen funktioniert und wie überhaupt unser Urteil über Menschen zustande kommt, also ob die Krawattenfarbe tatsächlich das Urteil unseres Gegenüber beeinflusst.

Drehen wir also den Spieß um: Fragen wir uns nicht, wie wir besser auf andere wirken können, sondern wie andere auf uns wirken. Werfen wir hierzu einen Blick in die Forschung. Suchen wir Antworten auf die Frage, nach welchen Prinzipien, Mustern, Regeln oder gar Gesetzen uns Menschen im Arbeitsleben auffallen, wie unser Gehirn sie aufnimmt, beurteilt und speichert. Wir tun dies in acht Kapiteln: Im ersten Kapitel erfahren Sie, wie unser Gehirn einen „Menschen im Arbeitsleben lernt" [1] und wie es sich hierbei organisiert. Wodurch lernen wir Menschen besonders schnell? Welche Bedeutung hat unser Unbewusstsein? Welche Rolle spielen Emotionen? Das zweite Kapitel zeigt, wie uns Menschen im Arbeitsleben ins Herz treffen, weil sie an unsere Motive anknüpfen und unsere Bedürfnisse erfüllen. Das dritte Kapitel zeigt, was bei der ersten Begegnung in uns geschieht: Wie werden wir auf andere aufmerksam? Wie nehmen unsere Augen sie auf? Und wie entsteht aus Einzeleindrücken das komplette Bild einer Person in unserem Kopf? Kapitel 4 zeigt, welche Schlüsselreize uns andere Menschen senden. Damit diese wirken, müssen wir sie in ihrem schlüssigen Zusammenspiel erleben. Kapitel 5 zeigt, dass Täuschungen und Verstellen auf Dauer nichts bringen. Menschen begegnen wir nicht nur persönlich im Alltag, sondern wir sehen auch Fotos von ihnen. Wie verarbeiten wir diese und was wirkt hierbei besonders stark auf unsere Wahrnehmung und unser Gehirn? Kapitel 6 gibt Ihnen die Antwort. Kapitel 7 nennt wichtige Grundlagen, nach denen Beziehungen zu Menschen im Arbeitsleben entstehen. Als Ergebnis der Wirkung von Menschen entstehen Vorstellungsbilder von ihnen, die wir aus dem Gedächtnis spontan abrufen können, wenn wir an die Person denken. In Kapitel 8 lernen Sie mehr darüber, wie diese Vorstellungsbilder auf unsere Entscheidungen wirken und welche Prinzipien hierbei besonders wichtig sind.

---

[1]   An dieser Stelle sei zum besseren Verständnis eine Anmerkung erlaubt: Unter „Lernen" versteht man etwas allgemein gesagt den bewussten oder unbewussten Erwerb von geistigen, körperlichen oder sozialen Kenntnissen, Fertigkeiten oder Fähigkeiten. Mit anderen Worten heißt das: So wie wir das Laufen lernen (körperliche Fähigkeiten), lernen wir auch eine Sprache (geistige Kenntnis) oder wir lernen, das Verhalten unserer Mitwelt zu deuten (soziale Fähigkeit). Wenn im Folgenden von „Menschen lernen" die Rede sein wird, dann im Sinne des Erwerbs von Fähigkeit, Informationen über die Mitwelt zu sammeln, sie zu interpretieren, Verknüpfungen herzustellen und einmal gemachte Erfahrungen immer wieder aufs Neue abzurufen.

Noch folgende Hinweise:

- Ein Grund, warum ich mich in diesem Buch auf die Wirkung anderer Menschen im Arbeitsleben konzentriere, ist, dass es über Liebe und Leidenschaft schon einige gute Bücher gibt – meine Buchtipps finden Sie im Serviceteil. Was fehlt, sind Bücher, wie Menschen auf uns wirken, die uns täglich am Arbeitsplatz begegnen: Kollegen, Führungskräfte, Firmenchefs.

- Das Thema ist so umfangreich, dass ich mich auf wichtige Aspekte konzentriere. Auch geschlechtsspezifische Unterschiede kann ich aus Platzgründen nur an einigen Stellen berücksichtigen. Buchtipps für ergänzende und weiterführende Lektüre finden Sie im Serviceteil.

- Zu den Teilgebieten dieses Themas, vor allem zur Hirnforschung, erscheinen ständig neue Bücher und Fachartikel. Ich habe versucht, die wichtigsten bis zum Abschluss meines Buches zu berücksichtigen. Glücklicherweise kommt die Forschung sehr schnell voran und so werden schon sehr bald weitere Erkenntnisse vorliegen, die hier verständlicherweise nicht berücksichtigt werden konnten. In diesem Sinn ist das Buch als Momentaufnahme der Erkenntnisse über die Wirkung von Menschen im Arbeitsleben zu sehen.

- Dieses Buch stellt viele Erkenntnisse der Hirnforschung vor. Ich bin kein Hirnforscher. Ich habe meine Aufgabe darin gesehen, aktuelle Erkenntnisse zusammenzustellen und lesegerecht aufzubereiten. Hierbei habe ich versucht, mich an den Grundsatz des Physikers Albert Einstein zu halten: „So einfach wie möglich, aber nicht einfacher!". Sollte ich zu einfach geworden sein oder sollten sich Fehler in meine Darstellungen eingeschlichen haben, bitte ich, mir diese nachzusehen und danke für einen Hinweis darauf, um dies in einer möglichen späteren Auflage berücksichtigen zu können.

- Aufgrund der besseren, flüssigen Lesbarkeit habe ich in diesem Sachbuch auf das Zitieren der wissenschaftlichen Quellen verzichtet. Sie finden die zitierte Literatur in den Buchtipps im Serviceteil.

- Aus Gründen der besseren Lesbarkeit verwende ich in diesem Buch die männliche Sprachform.

Danksagung

Ich widme dieses Buch meiner „Nabelschnur" CM und meiner besten Freundin Manuela. Ich danke Anne Koark, die mich ermuntert hat, dieses Buch zu schreiben. Ich danke Manfred Piwinger, der den Kontakt zum Verlag geknüpft hat. Ich danke meiner Assistentin Bettina Maisch für ihre wertvolle Unterstützung. Ich danke Ralf-Rüdiger und Iris Fassbender für die Informationen und Diskussionen zur Transaktionsanalyse.

Ganz besonders danke ich Maria Akhavan-Hezavei vom Gabler Verlag, die mir viel Freiraum gelassen, die mir aber auch an den wichtigen Stellen die richtigen Weichen gestellt hat. Ich danke ihr herzlich, dass sie die Entstehung des Buches so professionell und fürsorglich begleitet hat.

Inhaltsverzeichnis

1. Wir „lernen Menschen"

Eine Frage vorab: Welches Selbstverständnis haben Sie? Sehen Sie sich als rational denkenden Menschen, der seine Entscheidungen gründlich abwägt und Menschen erst nach ausführlichem, kritischem Prüfen beurteilt? Welche Rolle spielen Ihre Gefühle bei Ihren Entscheidungen über Menschen im Arbeitsleben? Und meinen Sie, dass Unbewusstes Ihre Entscheidungen beeinflusst? Könnten Sie Ihr Verhalten gegenüber anderen Menschen begründen? Ja? Seien Sie nicht so sicher: Aktuelle Forschungsergebnisse liefern andere Erkenntnisse.

Vor allem den Neurowissenschaften, also jener fachübergreifenden Wissenschaft, die den Aufbau und die Funktion unseres biologischen Nervensystems untersucht, verdanken wir ein neues Bild auf unser Gehirn, das unsere bisherigen Vorstellungen über die Wirkung von Menschen im Arbeitsleben auf uns gründlich über den Haufen wirft. Sie zeigen, wie wir Menschen lernen und wie wir hierbei unseren Verstand, aber vor allem unsere Emotionen einsetzen, also alle Prozesse, die mit Gefühlen verbunden sind; sie zeigen, wie unser Bewusstes und Unbewusstes, wie unsere Erfahrungen und Erwartungen zusammenspielen, wenn wir uns ein Bild vom Gegenüber machen; sie zeigen, welche Rolle all dem bei unserem Entscheiden und Handeln gegenüber anderen Menschen im Arbeitsleben zukommt.

Ein Beispiel: Vor wenigen Jahren noch haben Wissenschaftler unser Gehirn mit einem Computer verglichen, auf dessen Festplatte unsere Erfahrungen aufgespielt werden. Dieses Verständnis hat sich durch die Erkenntnisse der modernen Hirnforschung gewandelt: Unser Gehirn ist ein dynamisches, komplexes und stark vernetztes System, das Informationen über Menschen im Arbeitsleben aktiv auswählt, bewertet und erst dann speichert. Ein weiteres Beispiel: In unserem Gehirn gibt es keine Kommandozentrale, die für Wahrnehmen und Handeln zuständig ist, und es gibt keine unabhängig voneinander arbeitenden Zentren, die einzelne Fähigkeiten steuern. Stattdessen ist unser Gehirn eng vernetzt. Der weltberühmte Hirnforscher Antonio Damasio fasst den Stand der Forschung so zusammen: „Heute können wir mit Gewissheit sagen, dass keine einzelnen Zentren für Sehen oder Sprache oder auch Vernunft und Sozialverhalten existieren. Vielmehr gibt es ‚Systeme', die aus mehreren untereinander verbundenen Gehirnabschnitten bestehen." Das Gehirn ist für ihn ein „Supersystem von

Systemen". In diesem Zusammenhang wurde auch die Annahme widerlegt, die beiden Gehirnhälften funktionieren getrennt voneinander – eine sei für den Verstand, die andere für unser Fühlen zuständig. Tatsächlich bilden beide Hälften eine Einheit und keine Gegensätze. Nutzen wir also diese und die aktuellen Ergebnisse anderer Forschungsrichtungen. Beantworten wir als Erstes die Frage, nach welchen Prinzipien unser Gehirn „Menschen im Arbeitsleben lernt".

1.1   Menschen ändern unser Gehirn

Unser Gehirn ist nach der Begegnung mit einem Menschen im Arbeitsleben ein anderes als zuvor, so die grundlegenden und weitreichenden Erkenntnisse der Neurowissenschaften. Wie lässt sich dies erklären? Unser Gehirn besteht aus rund 100 Milliarden Nervenzellen. Sind Nervenzellen aktiv, bezeichnen Hirnforscher dies als ‚feuern', weil die Messgeräte knatternde Geräusche liefern. Nervenzellen enthalten unser Wissen über die Welt, also auch jenes über Menschen im Arbeitsleben: Sie re-präsentieren ihre Gesichter, die vor unserem inneren Auge entstehen, wenn wir an sie denken; sie tragen Informationen über ihre Rolle im Unternehmen und das Verhalten, das wir von ihnen erlebt oder von dem wir gehört haben.

Die einzelnen Nervenzellen, Neuronen genannt, gehen untereinander Verbindungen ein, 10.000 können dies bei einer einzelnen Nervenzelle sein; insgesamt bestehen zwischen allen Nervenzellen etwa 100 Billionen Verbindungen, schätzen Experten. Nach welchen Prinzipien entstehen diese Verbindungen? Ein Erklärungsmodell, das in den 1950er Jahren entstand und das auch heute noch anerkannt ist, stammt vom Psychologen Donald Olding Hebb. Sein Prinzip hat er ‚Hebbsche Plastizität' genannt. Diese entsteht, wenn zwei oder mehr Nervenzellen gleichzeitig feuern: In diesem Fall nimmt unser Gehirn beide Reize als zusammengehörig wahr, Nervenzellen verbinden sich und tauschen Informationen aus. Der Kernsatz, den Hebb hierzu formuliert hat, lautet: „Cells that fire together, wire together" (Zellen, die zusammen feuern, verbinden sich).

Jene Stelle, an der sich beide Nervenzellen verbinden und Signale austauschen, wird Synapse genannt. Der Austausch von Signalen erfolgt durch chemische Botenstoffe: die Transmitter. Jedes gemeinsame Erregen der Nervenzellen stärkt die synaptische Verbindung und sorgt für bessere Informationsübertragung. Anders ausgedrückt: Je häufiger unser Gehirn beide Reize gleichzeitig wahrnimmt, desto stärker sind die Neuronen bereit, Botenstoffe zu übertragen. Stellen Sie sich dieses Prinzip ähnlich dem Aufbau von Muskeln im Fitnessstudio vor: Beanspruchen wir Muskeln oft, erhöht sich deren Leistung – unser Körper geht davon aus, dass der Muskel wichtig ist, wenn wir ihn oft nutzen. Ähnlich funktioniert es auch im Gehirn. Zwei Nervenzellen feuern aber nicht immer, sondern nur dann, wenn die Verbindung eine Mindestaktivierung hat. Höhere oder geringere Leistung entsteht dadurch, wie leicht oder schwer die synaptische Verbindung aktivierbar ist.

Stärken sich die synaptischen Verbindungen zwischen Nervenzellen durch häufiges Nutzen, sprechen die Fachleute von Bahnung. Hirnforscher Gerald Hüther vergleicht dies mit einem Weg durch unsere Hirnlandschaft: Der Weg wird breiter, desto häufiger er benutzt wird. Nach Jahren ist eine breite, gut begehbare Straße entstanden. Wenig oder gar nicht genutzte Wege verwildern und wachsen zu. So können wir uns auch im Gehirn gut gebahnte Verbindungen zwischen einzelnen Nervenzellen als ausgebaute, breite Wege vorstellen.

Jene Verbindungen, die unser Gehirn nicht mehr benötigt oder die längere Zeit nicht aktiv waren, verschwinden aus unserer Gehirnlandschaft. Das Prinzip hierbei lautet: „Use it or lose it" (ungefähr „Nutze es oder lass es fallen"). Beispiel: Wir haben früher die lateinische Sprache gelernt, aber heute brauchen wir dieses Wissen nicht mehr. Wollen wir jetzt Italienisch lernen, sucht unser Gehirn nach synaptischen Verbindungen als neuronalem Material, die nicht mehr oder nicht häufig aktiv sind. Dieses neuronale Material kann es verwenden, die neuen Italienischvokabeln zu lernen. Gedächtnisforscher Eric Kandel hat bewiesen, dass Einprägen von Vokabeln, Namen, Gesichter und Episoden in die molekularen Abläufe einer Zelle stark eingreift. Merken wir uns die Telefonnummer eines Kunden, ändert sich unser Gehirn physiologisch – dies kann sich bis in den Kern der Nervenzellen auswirken und dort veranlassen, dass die Zelle neue Proteine produziert.

Nach der Hebbschen Plastizität verbinden wir Menschen im Arbeitsleben mit Informationen wie deren Aussehen, deren Ansichten oder auch deren Namen. Je häufiger unser Gehirn diese Reize gemeinsam wahrnimmt, zum Beispiel durch Begegnungen und Gespräche, desto leichter können wir auf diese Verbindungen zugreifen. Speichern wir Informationen über eine Person, steigert dies die Leistung der „synaptischen Übertragungsmechanismen", wie dies Hirnforscher Gerhard Roth nennt. Unser Gedächtnis beruht somit auf Veränderungen im Gehirn, „die erfahrungsabhängig sind und die Grundlage von Lernen bildet", so Roth. Neuronale Netze scheinen die „Statistik unserer Erfahrungen" zu sein, formuliert Hirnforscher Manfred Spitzer.

Diesen Prozess können wir auch als Lernen verstehen: Wir lernen durch häufiges Wiederholen, Gedankenverbindungen (Assoziationen) zwischen dem Menschen und Informationen herzustellen. Im Hirn, sagte Hebb, ist anfangs jede Zelle mit praktisch jeder anderen Zelle lose verknüpft. Im Lauf des Lebens stärken sich diese Verbindungen oder sie schwächen sich – sind zwei Zellen gleichzeitig aktiv, festigt sich deren Verbindung; sind sie nie gleichzeitig aktiv, kann die Verbindung verschwinden. Je öfter also zwei Zellen gleichzeitig feuern, umso besser werden die Verbindungen zwischen ihnen. Irgendwann sind die Zellen so gut verdrahtet, dass das Aktivieren einer Zelle auch die andere Zelle aktiviert. Neurowissenschaftler Joseph LeDoux schreibt: „Lernen besteht in der Verstärkung synaptischer Verbindungen zwischen Neuronen". Jeder Lernvorgang beruht auf diesem Mechanismus, gleichgültig, ob es darum geht, Italienischvokabeln zu lernen oder Menschen im Arbeitsleben mit deren Merkmalen zu speichern. Nebenbei bemerkt, entsteht Wissen über eine Person selbstverständlich nicht nur aus den Quellen der Person allein, sondern zum Beispiel auch durch Erzählungen von Kollegen.

Wir lernen nicht nur Neues, sondern wir verlernen Altes: Erleben wir einen Vorgesetzten im Gegensatz zu früher hilfsbereit, ersetzen wir alte Informationen durch neue. Dieses Ersetzen geschieht, weil das alte Netzwerk nicht aktiv ist und sich die schlechten Erfahrungen nicht wiederholen. Diese nicht länger benutzten Nervenverbindungen bilden sich zurück, neue neuronale Verbindungen können ihren Platz übernehmen. Dies alles geschieht freilich nicht nach einmaligem Kontakt mit einer neuen Information über diese Person: Wir lernen meist nur sehr langsam um, wenn sich ein Mensch ändert – wir brauchen eigene Erfahrungen oder müssen die Erfahrungen anderer Menschen beobachten, damit sich unser Bild von der Führungskraft dauerhaft ändert. Sie sehen, wie sich unser Gehirn höchst dynamisch organisiert und sehr anpassungsfähig ist.

Menschen als Nervennetze

Durch die Plastizität im Gehirn verbinden sich nicht nur zwei Nervenzellen miteinander, sondern Gruppen. Solche Gruppen bezeichnet Hebb als „neuronale Netzwerke", in englisch „cell assemblies". Unser Gehirn legt also nicht einzelne Informationen ähnlich einem Computer passiv ab, sondern es organisiert aktiv solche neuronalen Netzwerke. Ein solches Netzwerk besteht aus vielen Nervenzellen, die miteinander verbunden sind. Diese Netzwerke sind die Bausteine unseres Gedächtnisses. Wir brauchen sie, um die vielen Informationen sinnvoll zu ordnen und abzurufen, die in jeder Sekunde auf uns einströmen.

Neuronale Netze entstehen dadurch, dass ein Reiz bestimmte Muster gemeinsam auslöst – beim Gedanken an einen Menschen entsteht nicht eine Assoziation, sondern es entstehen viele, zum Beispiel dessen Aussehen, dessen Namen und dessen Eigenschaften. Geschieht dies wiederholt, stärkt dies den gesamten Nervenkomplex. Auch für Gruppen von Nervenzellen gilt demnach die Hebbsche

Plastizität: Ist ein bestimmtes Erregungsmuster durch häufiges Wiederholen gut gebahnt und damit zu einem neuronalen Netzwerk verbunden, ist diese Gruppe von Nervenzellen immer leichter aktivierbar.

Interessant zu wissen: Unser Gehirn kann komplettieren. Je stärker das neuronale Netz gebahnt ist, desto einfacher können wir das Erregungsmuster von verschiedenen Stellen aus und mit immer weniger Anhaltspunkten aktivieren – der Name genügt, um Assoziationen mit einem Menschen anzustoßen, und auch Gefühle, wenn wir diese zuvor erlebt haben. Beispiel: Denken wir an eine Person, tauchen in unserer Erinnerung auch bedeutende Situationen und jene Gefühle auf, die wir in dieser Situation hatten. Gerhard Roth: „Es genügen zum Teil nur Bruchstücke von aktuellen Sinnesdaten, um in uns ein vollständiges Wahrnehmungsbild zu erzeugen, das dann gar nicht von den Sinnesorganen, sondern aus dem Gedächtnis stammt." Wir erleben aber auch, wie der Name Müller das Netzwerk von anderen Menschen aktivieren kann, wenn diese auch Müller heißen.

Bestandteile von neuronalen Netzen von Menschen

Das neuronale Netzwerk von einem Menschen im Arbeitsleben kann aus Faktenwissen bestehen und gespeicherten Geschichten, die wir mit dieser Person verbinden (siehe ausführlich Kapitel 4.8.2); es kann bestehen aus Symbolen, die wir mit der Person verbinden, wie ein Kleidungsstück oder die Aktentasche (siehe ausführlich Kapitel 4.7). Es besteht auch aus sensorischen Eindrücken, ausgelöst durch unser Sehen (Bilder, Handlungen), Hören (Sprache, Stimme), Schmecken (Geschäftsessen), Tasten (Händedruck) und Riechen (Körperduft, Parfüm). Das Sehen spielt die herausragende Rolle bei der Wirkung unseres Gegenübers: Wir lernen zu 80 Prozent durch Sehen, wie Sie in Kapitel 3.2 noch ausführlicher lesen können. Aktiviert ein Mensch alle unsere Sinne, sind mehrere Hinbereiche gleichzeitig aktiv und der Mensch ankert sich stärker als durch die Summe der Einzelreize.

Hat sich für eine Person in unserem Kopf ein solches neuronales Netzwerk gebildet, könnten wir feststellen, wie viele Assoziationen wir in unserem Gedächtnis aufgebaut haben, welcher Art diese Assoziationen sind, wie einzigartig diese Assoziationen sind und wie lange es dauert, bis wir bestimmte Assoziationen abrufen können (siehe ausführlich Kapitel 8).

Menschen lösen Körpergefühle aus

Unser Gehirn speichert nicht nur Faktenwissen, Geschichten, Symbole und sensorische Eindrücke von einer Person: Wir speichern die Erfahrungen, die wir mit ihr gemacht haben, mit einem Körpergefühl ab. Ergebnis: Wir können uns erinnern, ob die Begegnung für uns angenehm oder unangenehm war. Wir können dies sogar spüren, weil wir Erinnerungen mit einem Körpergefühl markieren, einem guten Bauchgefühl, einem Kribbeln oder Anspannung, das sich bei der Erinnerung einstellt. Hirnforscher Antonio Damasio geht davon aus, dass wir jedes Objekt und jede Situation unserer Erfahrung mit Emotionen und den begleitenden Körperzuständen verknüpfen (mehr hierzu in Kapitel 1.3.1).

Denken Sie hierzu an das letzte Betriebsfest zurück: Sie können sich an die Räume erinnern und daran, ob Sie sich in ihnen wohl gefühlt haben. Sie erinnern sich daran, was Sie gegessen und getrunken haben und ob Ihnen dies geschmeckt hat. Sie rufen die Musik ab und können sagen, ob Sie diese mochten oder nicht. Ebenso erinnern Sie sich daran, mit wem Sie geredet haben. Welche Menschen lösen bei Ihnen angenehme Erinnerungen aus, zum Beispiel durch anregende Gespräche? Welche lösen unangenehme Erinnerungen aus, zum Beispiel weil das Gespräch zäh und gezwungen lief? Spüren Sie, wie sich diese Erinnerungen auch körperlich bei Ihnen auswirken, zum Beispiel durch ein wohliges Gefühl oder ein kurzes, leichtes Unbehagen im Bauch?

Informationen auf Abruf

Bei der Erinnerung an einen Menschen im Arbeitsleben ruft unser Gehirn aus seinen unterschiedlichen Bereichen die Erinnerungen ab – mitunter bis ins kleinste Detail (mehr in Kapitel 4.8). Wir greifen bei Bedarf sehr schnell auf sie zurück, zum Beispiel dann, wenn wir spontan entscheiden müssen, wie wir uns diesem Menschen gegenüber verhalten. Erinnerungen sind also subjektiv und höchst individuell: Ein anderer Kollege könnte zwar die Räume, das Essen, die Musik und die Menschen ähnlich beschreiben, aber die ausgelösten Gefühle und dessen Reaktion hierauf können völlig unterschiedlich sein.

Insgesamt liefern die Erkenntnisse der Neurowissenschaften wichtige Hinweise darauf, wie andere Menschen im Arbeitsleben in unserem Gehirn repräsentiert sind und wie unser Gehirn diese Repräsentationen organisiert. Ist die Vorstellung nicht faszinierend, dass Menschen in unserem Kopf ein physiologisches Korrelat haben, das wir sehen, messen, spüren und sogar hören können?

1.2   Muster helfen uns beim Einordnen

Unser Gehirn legt neuronale Netzwerke von Menschen aus unserem Arbeitsleben an, aber auch allgemeine (Erregungs-)Muster, auf die es bei Bedarf zugreift:

Unser Gehirn hat eigene Hirnbereiche, die solche typischen Wissensbestände verarbeiten, wie zum Beispiel Schemata von Personen, Gesichtern, Augen und Mund. Auf diese Weise können wir in Sekundenschnelle eine neue Person bewerten. Zu den allgemeinen Mustern gehören auch Rollen, wie die des typischen Vorgesetzten sowie typische Handlungen, wie den Verlauf eines Mitarbeitergesprächs. Sie können sich solche neuronalen Netzwerke als Fertigbauteile vorstellen. Fachleute nannten sie früher Vorurteile, doch weil der Begriff einen eher negativen Beigeschmack hat, sprechen sie heute eher von Stereotype oder Schemata.

Stereotype sind deshalb so wichtig, weil sie unserem Gehirn die Arbeit enorm erleichtern: Wir müssen nicht alles neu lernen, sondern wir lernen Muster, mit denen wir unbewusst neue Menschen im Arbeitsleben vergleichen. Diese neuronalen Netzwerke helfen uns, indem schon das Wissen über die Rolle einer Person unsere Einordnung und Bewertung ermöglicht: Hören wir, ein Mensch sei „Personalratsmitglied", „IT-Mitarbeitende" oder „Forscher", kann dies ganze Ketten von Inhalten, Bewertungen und Erwartungen bei uns auslösen. Wird uns ein Mensch angekündigt, der in der Pharmaindustrie arbeitet, schreiben wir dieser Person zunächst jene Eigenschaften zu, die wir mit der Branche verbinden – dies gilt ebenso für Mitarbeitende der Computerindustrie, der Pelzindustrie und von Wohlfahrtsunternehmen. Ein Schema wäre auch, wenn wir erfahren, der Firmenchef sei ein Wohltäter oder autoritärer Herrscher eines Imperiums. Wer also sagt, er lasse sich nicht in eine Schublade stecken, ignoriert die Prinzipien unseres Gehirns: Selbst der Individualist entspricht dem Stereotyp des Individualisten, der sich in keine Schublade stecken lässt!

Zu den Schemata und den damit ausgelösten Erwartungen gehört, dass das Publikum, dem ein Redner als Experten angekündigt wird, anders begegnet, als wenn diesem die gleiche Person als Moderator angekündigt wird. Zum Beispiel schätzt es Tests zufolge den Experten als körperlich größer ein (siehe Kapitel 4.5.3). Der gleiche Mensch wirkt unterschiedlich auf uns – je nachdem, ob er uns als Mitarbeiter oder Leiter einer Abteilung vorgestellt wird.

Einige Forscher vermuten heute, dass wir eine Person vor allem danach bewerten, ob sie einem Schema entspricht, ob und wie stark sie von diesem Schema abweicht. So gehört zu den standardisierten Vorstellungen, dass Manager einen dunklen Anzug tragen. Würde ein neuer Chef den Raum betreten und wäre mit T-Shirt und Sandalen bekleidet, könnte uns diese Abweichung vom Schema irritieren oder überraschen, wie der Chef des Pharmaherstellers Sanofi-Aventis, Gerard LeFur, der eine Harley Davidson fährt und Lederjacke trägt. Diese Abweichung macht ihn auch für die Massenmedien interessant, die diese Abweichung von der Norm gern in ihrer Berichterstattung aufgreifen.

Schemata sind komplexe Gedächtnisinhalte, die mit Stimmungen und Emotionen verbunden sind: Das Bild der Bergwelt weckt unsere Erinnerung an eigene Wanderungen, Kindheitserlebnisse und die damit verbundenen Gefühle. Schemata können angeboren sein, wie das Baby, das auf Gesichter reagiert und diese unterscheiden kann. Im Lauf unseres Lebens kommen andere Schema hinzu, die wir lernen. Ein weiteres angeborenes Schema ist das Kindchenschema: Dieses umfasst einen im Verhältnis zum Rumpf großen Kopf, Pausbacken, Kulleraugen, rundliche Körperformen, kurze und dicke Arme und Beine. Auf ein zartes, hilfloses und schutzbedürftiges Baby reagieren wir mit angeborenen Emotionen wie Aufmerksamkeit, Zuwendung und Fürsorglichkeit. Typische Beispiele für Bilderwelten mit Kindchenschema aus der Werbung sind Babybilder, Bilder von Kleinkindern, Jungtieren und Comicfiguren wie Micky-Maus.

Ein weiteres für die Wirkung von Menschen wichtiges Schema ist das Augenschema: Auf zwei runde Augen reagieren wir angeboren emotional. Blicke haben eine besondere Anziehungskraft, sie faszinieren uns. Das Auge hat von den Sinnesorganen eine Sonderstellung, da es nicht nur sendet, sondern auch empfängt: Wir sehen also und was wir sehen, kehrt in uns zurück. Die Augensprache drückt unsere Emotionen aus: Der Blick ist getrübt, unsere Blicke können „töten", wir schauen jemand bedrohlich an, wir können sehnsuchtsvoll blicken, zärtlich und liebevoll (mehr hierzu Kapitel 4.2.2).

Auf solche Schemata greifen wir auch im Arbeitsleben ständig zu. Sie unterstützen beziehungsweise ermöglichen uns das Erkennen von Menschen und das Zuordnen von Eigenschaften und Bedeutungen: Hierfür können schon Haarfarbe und Kleidung ausreichen. Speziell die Kleidung erzeugt in uns lebendige Erinnerungen, die Testpersonen in Studien immer wieder äußern: Trägt die Person konventionelle Kleidung, klassische oder moderne? Biedere oder provokative? Oder will uns jemand im Büro durch seine Mickey-Mouse-Krawatte seinen Humor beweisen? (siehe Kapitel 4.7).

Trägt ein Mensch eine Brille, werden wir ihn eher mit der Eigenschaft „intelligent" und vielleicht sogar mit einem bestimmten Beruf verbinden, der Kopfarbeit erfordert. Das kantige Kinn weist auf einen hohen Anteil des Sexualhormons Testosteron hin – dies signalisiert uns Dominanz und wir schätzen die Person eher als Führungspersönlichkeit ein. Tiefe Stimme? Hohe Stimme? Schon ordnen wir ein. Standardisierung ist ein Prinzip des Gehirns. Sozialpsychologe Timothy Wilson schreibt: „Eines der interessantesten Eigenschaften des adaptiven Unbewussten ist der Umstand, dass es Stereotype verwendet, um andere Menschen einzuordnen und zu bewerten." Er zitiert William Carpenter, der schon vor über 100 Jahren schrieb, dass wir Denkmuster verwenden, die zu „unbewussten Vorurteilen führen, die häufig stärker sind als die bewussten; sie sind um so gefährlicher, als wir uns nicht gegen sie wappnen können."

Welche Bedeutung allein der Name spielt, zeigt die Studie von Harari und McDavid aus dem Jahr 1973: Die beiden Forscher ließen Lehrer die identischen Aufsätze von Viert- und Fünftklässlern bewerten. Die Lehrer kannten die Schüler nicht und erfuhren nur deren Vornamen. Ergebnis: Die Aufsätze von Sarah, Julia, David und Michael benoteten sie eine Note besser als jene von Gertrud, Hedwig, Edeltraut und Hubert. Offensichtlich, so interpretieren die Forscher, werden alte Namen mit älteren Menschen und Eigenschaften verknüpft wie konservativ und wenig offen für Neues. Andere Forscher legten Testpersonen das Foto von zwei Frauen vor. Beide kamen gleich gut an. Im zweiten Schritt legten sie anderen Testpersonen die beiden Fotos vor und nannten die eine Frau Jennifer, die andere Gertrud. Jetzt erhielt Gertrud nur noch 20 Prozent der Stimmen. Unser Unbewusstes scheint allein schon den Namen einer Person mit Interpretationen und Bewertungen zu verbinden. Sie werden noch sehen, dass dies fast alles unbewusst geschieht und Sie hiervon nichts mitbekommen (siehe Kapitel 1.4).

Schemata beziehen sich nicht nur auf statische Konstellationen, sondern auch auf Ereignisse. Ein Ereignisschema wird auch Skript genannt. Damit ist ein Verhaltensablauf gemeint, der allgemein bekannt ist, wie das Vorstellungsgespräch: Wir melden uns im Sekretariat, warten, treten ein. Die Personalchefin sitzt hinter dem Schreibtisch und stellt uns Fragen. Dies erwarten wir. Solche Skripts laufen fast automatisch ab und beeinflussen unser Erleben. Sie geben uns Orientierung über andere Menschen und Erwartungen an unser eigenes Verhalten.

1.3 Gefühle als Lernturbo

Wir lernen Menschen im Arbeitsleben nicht nur durch Wiederholung: Wir können auch durch negative und positive Erlebnisse lernen, wie jeder weiß, der eine heiße Herdplatte berührt hat, der eine sehr unangenehme Begegnung mit seinem Vorgesetzten hatte oder dem in einer sehr brenzligen Situation geholfen wurde. Aus diesen mit intensiven Gefühlen verbundenen Erfahrungen lernen wir besonders schnell. Gute und schlechte Gefühle werfen einen „Lernturbo" an, sagt Hirnforscher Manfred Spitzer.

Unser Lernturbo funktioniert in zwei getrennten Systemen: Das eine System sorgt dafür, dass wir aus Schlechtem lernen, was wir künftig meiden sollen; das andere System sorgt dafür, dass wir aus Gutem lernen, was wir künftig suchen sollen. Gefahren meiden und Wohlbefinden suchen, ist Leitmotto unseres Gehirns. Stehen wir vor einer Entscheidung, ruft daher unser Gehirn mit unseren Erinnerungen auch jenes Gefühl ab, das wir beim Lernen hatten.

Dummerweise lernen wir aus schlechten Erfahrungen besser als aus guten, weil es für unser Überleben wichtiger ist, Gefahren zu meiden als uns wohl zu fühlen. Unser Alarmsystem ist sehr alt; es war überlebenswichtig, wenn es darum ging, Bedrohungen durch wilde Tiere und Feinde schnell zu erkennen und dieser Gefahr zu entgehen. Dieses System funktioniert auch heute noch sehr gut: Verbinden wir mit einer Führungskraft das Gefühl der Angst, weil wir uns von Zeit zu Zeit durch sie attackiert fühlen, rufen wir auch dieses Gefühl beim Gedanken an die Führungskraft ab. Folge: Wir wollen weitere negative Gefühle vermeiden und versuchen, ihr möglichst aus dem Weg zu gehen. Angst ist also ein schlechter Lehrmeister für alles, was wir tun sollen. Damit nicht genug: Angesichts der erlebten Angst fällt es uns schwer, Aufgaben kreativ zu lösen, die uns dieser Vorgesetzte stellt. Der Grund ist, dass wir in Gefahren alles darauf konzentrieren, den Quellen der Angst zu entkommen – unser Denken ist dann stark eingeengt. „Kreatives und freies Denken sind stark behindert, da das Gehirn sich möglichst an die simpelsten, irgendwie funktionierenden Schema hält", so der Hirnforscher Manfred Spitzer. Folge: Was wir unter Angst gelernt haben, können wir später nicht mehr für kreatives Problemlösen einsetzen. „Angst und kreatives Problemlösen schließen sich aus: Das ist wie Sauerkraut und Vanillesauce – das passt nicht zusammen!", so Spitzer.

Durch Glücksstoffe zum Lernen

Für das, was wir tun sollen, haben wir ein anderes System: Unser Belohnungssystem. Das Belohnungssystem ist Teil unseres limbischen Systems, dem Sitz unserer emotionalen Intelligenz. Das limbische System besteht aus einem Netzwerk von Bahnen und Kerngebieten in der Tiefe unseres Gehirns, zu denen neben der Amygdala (Mandelkern) noch andere Zellgruppen im Zwischenhirn gehören, die wiederum mit Teilen der Großhirnrinde verbunden sind. Die Kommunikation zwischen den einzelnen Teilen des Belohnungssystems läuft über den Botenstoff Dopamin, einen der sogenannten Neurotransmitter, die Signale zwischen den Nervenzellen übermitteln.

Die Ausschüttung des Glücksboten Dopamin nehmen wir als positives Gefühl wahr, das uns zum Handeln bringen kann. Das Belohnungssystem sorgt dafür, dass wir Vorfreude empfinden, die wir bei Begegnungen mit anderen Menschen erwarten; es ist besonders aktiv, wenn die Begegnung mit einem Menschen unsere Erwartungen übertrifft. Umgekehrt fällt die Erregung ab, wenn eine erwartete Belohnung ausbleibt und ein Mensch unsere Erwartungen enttäuscht, – wenn er etwa Hilfe versagt, um die wir ihn gebeten haben. Was lernen wir hieraus? Unser Gehirn ist gebaut zum Lernen. Glück ist der Mechanismus, über den wir lernen, was gut und wichtig für uns ist. Wir lernen also nicht, um glücklich zu sein, sondern wir sind glücklich, damit wir lernen.

1.3.1 Erfahrungen zum Einordnen

Unser Gehirn funktioniert nicht ähnlich der Festplatte des Computers, auf die wir Daten aufspielen. Stattdessen ist unser Gehirn aktiv, hochdynamisch, stark vernetzt und es organisiert sich ständig neu. Grundlage für die selbst organisierenden Prozesse unseres Gehirns sind Erfahrungen. Alle wichtigen Erfahrungen mit Menschen haben wir in unserem Gedächtnis abgelegt. Unsere Psyche ist letztlich ein umfassender und reichhaltiger Speicher, der unsere Erfahrungen mit Menschen im Arbeitsleben enthält. Erfahrungen soll unser Gehirn nutzen, damit es uns gut geht und wir uns wohl fühlen.

Dies gelingt unserem Gehirn, indem es Erfahrungen mit einer Bewertung ablegt, ob uns ein Mensch gut getan hat oder nicht – dies kann reichen von Unlust und Lust bis hin zu Ärger und Vergnügen. In jedem Fall übernimmt unser limbisches System diese Bewertung. Außerdem legen wir in unseren Erinnerungen das Körpergefühl ab, das wir beim Erlebnis hatten, unser „emotionales Erfahrungsgedächtnis" entsteht, wie es der Hirnforscher Gerhard Roth genannt hat. Stehen wir vor einer Entscheidung oder planen wir eine Handlung, ruft unser Gehirn dieses Wissen ab. Unsere Erfahrungen und unser Handeln sind eng verbunden.

Unser emotionales Erfahrungsgedächtnis ist ein Zusammenschluss von mehreren Teilgebieten unterhalb der Großhirnrinde, die für unsere Entscheidungen wesentlich sind. Es speichert Gefühle und Köperempfindungen. Das emotionale Erfahrungsgedächtnis entsteht schon im Mutterleib und begleitet uns unser gesamtes Leben lang.

Wie plant unser Gehirn Handlungen auf der Grundlage des emotionalen Erfahrungsgedächtnisses? Sollen wir entscheiden, erzeugt unser Gehirn Vorstellungsbilder, die wie innere Filme ablaufen (siehe hierzu ausführlich Kapitel 8.2). Diese inneren Filme laufen fast gleichzeitig ab und sie sind uns meist unbewusst. Die inneren Filme vergleicht unser Gehirn mit ähnlichen Situationen aus unserem Erfahrungsschatz, den unser emotionales Erfahrungsgedächtnis gesammelt hat. Findet es eine vergleichbare Situation, löst es blitzschnell und automatisch die damit verbundene Bewertung in uns aus. Das Ziel: Gute Erfahrungen wiederholen wir, schlechte meiden wir möglichst.

Ohne dass wir es merken, trifft es eine Entscheidung nach der anderen. Wäre dies anders, bräuchten wir Stunden, um mit Kollegen einen passenden Termin zu vereinbaren oder um ein Essen in der Kantine auszusuchen – unser Alltag wäre extrem eingeschränkt. Emotionen können uns also vor Handlungen warnen und unser Handeln ausrichten. Hirnforscher Gerhard Roth sieht in Emotionen konzentrierte Erfahrungen, ohne die wir nicht vernünftig handeln könnten: „Wer nicht fühlt, kann auch nicht vernünftig entscheiden oder handeln", lautet sein Fazit. Emotionen sind keine Störungen des vernünftigen Denkens, sondern „unersetzliche Überlebenshilfe", wie die Schweizer Psychologin Maja Storch schreibt.

Die Bedeutung unserer Lebensgeschichte ist so stark, dass der renommierte Gedächtnisforscher Daniel Schacter sagt: „Wir sind Vergangenheit". Mit diesen Erfahrungen gehen wir in die Zukunft – unser Gehirn organisiert unser Leben also auf Grundlage unserer eigenen Biografie. Unser Leben lang sammeln wir. So entsteht eine enorme und reichhaltige Sammlung unserer Lebenserfahrung von unschätzbarem Wert! Vor diesem Hintergrund ist es kaum zu verstehen, dass Unternehmen vor allem auf Jüngere setzen, denen diese Erfahrungen noch fehlen, und die sie sich auf Kosten der Unternehmen sammeln müssen. Bei VW standen vor einigen Jahren die Fließbänder still. Grund: Früher hörten die erfahrenen Mitarbeitenden oft schon beim kleinsten Anzeichen, wenn ein Maschinenteil demnächst ausgetauscht werden musste. Den Neuen fehlte dieses Wissen und vor allem die Erfahrung; sie standen ratlos vor den Maschinen, die für sie überraschend defekt gingen.

Wie wir auch die emotionalen Erfahrungen mit Menschen im Arbeitsleben sammeln und danach unbewusst handeln, erläutert Maja Storch an einem Beispiel: „Man kann davon ausgehen, dass das Gehirn des Kunden ein emotionales Einnahmen- und Ausgabenbuch führt. Einnahmen sind die positiven Erfahrungen, Ausgaben die negativen Erlebnisse. Den wahren Kontostand erfährt das Bewusstsein des Kunden nur selten. Er entscheidet für oder gegen jemanden/etwas und weiß nicht, dass die eigentliche Entscheidung schon längst vorher im unbewussten Teil seines Gehirns gefallen ist."

Wie das emotionale Erfahrungsgedächtnis funktioniert

Das emotionale Erfahrungsgedächtnis funktioniert anders als jene Gebiete des Gehirns, die wir als Verstand bezeichnen: Unser Verstand funktioniert zwar langsam und er kann nur wenige Daten gleichzeitig verarbeiten; doch dafür liefert er präzise und detaillierte Ergebnisse. Unser emotionales Erfahrungsgedächtnis verfügt über einen riesigen Speicher und kann viele Daten rasend schnell bearbeiten. Dies geht allerdings auf Kosten der Genauigkeit: Die gelieferten Ergebnisse sind diffus und detailarm: Wir fühlen uns irgendwie ungut, aber können nicht erklären, warum. Der Grund, warum dieses System schnell sein muss, ist klar: Wenn ein Auto auf uns zugefahren kommt, müssen wir auf die Seite springen und können nicht die Situation ausführlich prüfen. Dieses Alarm- und Fluchtsystem ist somit bis heute überlebenswichtig.

Erinnerungen mit Körpergefühl

Hirnforscher Antonio Damasio verdanken wir die Erkenntnis, dass wir nicht nur die Gefühle mit unseren Erinnerungen speichern; vielmehr stellt sich beim Abruf der Erinnerung ein Körpergefühl ein, wie Bauchkribbeln, Gänsehaut, Kniezittern. Wie geschieht dies genau? Sie haben bereits erfahren, dass wir vor einer Entscheidung abwägen, wie wir reagieren könnten und welche Ergebnisse dies hätte. Damasio schreibt, dass diese Vorstellungen nur Schlüsselbilder dieser Szenen aufblitzen lassen. Wir sehen gleichzeitig Schlüsselelemente in Umrissen, ohne Einzelheiten erkennen zu können. Wenn nun das unerwünschte Ergebnis der Entscheidung in unserer Vorstellung auftaucht, erscheint gleichzeitig und kurz eine unangenehme Empfindungen im Körper, zum Beispiel im Bauch. Antonio Damasio nennt diese Körperzustände „somatische Marker". Der Begriff ‚soma' leitet sich aus dem Griechischen ab und bedeutet dort ‚Körper'. Markierer hat er sie deshalb genannt, weil wir bestimmte Szenen als gut oder schlecht markieren. Wichtig zu betonen: Wir bewerten hier nicht mit unserer Vernunft, sondern biologisch mit somatischen Markern, die wir schnell abrufen können. Mitunter sind sie allerdings so schwach, dass wir sie nicht bewusst wahrnehmen. Training und gute Selbstbeobachtung können uns helfen, diese Zeichen früher, schneller und eindeutiger zu erkennen. Wir haben bereits besprochen, dass die schlechten die guten Erfahrungen schlagen (Kapitel 1.3.1). So nehmen wir auch die negativen Signale der Marker deutlicher wahr als die positiven. Grund: Wichtiger ist es für uns, Gefahren zu meiden als uns wohlzufühlen.

Somatische Marker weisen uns also darauf hin, dass eine geplante Handlung unangenehme Folgen für uns haben könnte. Genauso markieren wir positive Vorstellungen mit somatischen Markern, etwa, wenn uns eine Person in der Erinnerung wohlige Schauer über den Rücken laufen lässt. Unser Antrieb scheint aus neurologischer Sicht in jenem Zusammenspiel zu bestehen, dass wir auf Menschen im Arbeitsleben emotional reagieren, dass wir dies positiv bewerten und unser Körper hierauf reagiert. Sie selbst kennen dies: Wenn Sie unbedingt etwas für einen Kollegen tun wollten, ist dies mit einem starken Gefühl und einer Körperempfindung verbunden.

Damasio geht davon aus, dass unsere Emotionen, Körperempfindungen und die Auswahl unserer Reaktion eng vernetzt sind: Praktisch jeder Mensch im Arbeitsleben und jedes Erlebnis unserer Erfahrung ist mit Emotionen und den begleitenden Körperzuständen verknüpft. „Das automatische Signal schützt Sie ohne weitere Umstände vor künftigen Verlusten", so Damasio, „und gestattet Ihnen dann, unter weniger Alternativen zu wählen. Sie haben immer noch Gelegenheit, eine Kosten-Nutzen-Analyse durchzuführen und saubere Schlussfolgerungen zu ziehen, aber erst nachdem der automatische Schritt die Zahl der Wahlmöglichkeiten erheblich vermindert hat." Vorauswahl durch Emotionen und Körpersignale.

Die Erkenntnisse über somatische Marker zeigen, dass ein Kribbeln im Bauch oder ein Zittern im Knie Entscheidungen stärker beeinflussen könnten als ein Berg von Informationen; doch oft beziehen wir unser Bauchgefühl nicht in Entscheidungen ein, wie dies Maja Storch in ihrem ausgezeichneten Buch „Embodiment" beschrieben hat.

Für die Wirkung von Menschen im Arbeitsleben kann es sinnvoll sein, auch deren somatische Marker zu beachten, denn sie lügen nie und wir können einige von ihnen sehen, wie im Fall des Errötens, dem plötzlichen Wechsel der Sitzhaltung oder einem Lächeln.

Die Quellen unserer Erfahrungen

Woher kommen unsere Erfahrungen? Einige sind angeboren, einige gelernt. Zu den angeborenen Erfahrungen gehört unser Angst- und Fluchtsystem: So meiden wir, was wie eine Schlange im Gebüsch aussieht, auch wenn es sich auf den zweiten Blick als Stock herausstellt. Besser wir halten den Stock für die Schlange als die Schlange für einen Stock. Forscher bezeichnen dies als „primäre Affekte", die automatisch ablaufen. Sie sind verbunden mit Zuständen wie Wut, Furcht, Lust und Aggression für Verteidigung oder Flucht. Primäre Affekte sorgen dafür, dass wir auf Schlüsselreize in Sekundenschnelle emotional reagieren und unser Handeln anpassen, ohne lange nachzudenken.

Neben diesen angeborenen primären Affekten aus unserem Ahnenschatz verfügen wir noch über die sekundären Gefühle – Gerhard Roth nennt sie emotionales Erfahrungsgedächtnis. Sekundäre Gefühle haben wir schon im Mutterleib. Im Lauf unseres Lebens sammeln wir weitere durch eigene Erfahrungen aber auch von anderen Menschen. Grob gesagt entsteht das emotionale Erfahrungsgedächtnis dadurch, dass Verhalten entweder angenehm erlebt und belohnt oder unangenehm erlebt und bestraft wird. Diese Erfahrungen hinterlassen dauerhafte emotionale Spuren, die sich tief einprägen können. Sind wir als Kind ermahnt und bestraft worden, wenn wir unsere eigenen Wünsche und Bedürfnisse äußern und leben, dann wird es uns auch später im Arbeitsalltag schwer fallen, unsere eigenen Interessen durchzusetzen. Unser schlechtes Gewissen wird uns einholen, wenn wir einem Kollegen Hilfe ausschlagen, weil wir selbst ausgelastet sind. Und selbst wenn wir uns laut aufsagen, dass wir selbst bis über beide Ohren in Arbeit stecken und ein Recht darauf haben, unsere eigene Arbeit vorzuziehen (Verstand), wird das schlechte Gewissen aus dem emotionalen Erfahrungsgedächtnis bleiben.

Solche Erfahrungen aus unserer Kindheit und unserer Jugend sind besonders nachhaltig, weil unser Gehirn seinerzeit am tiefsten und nachhaltigsten programmierbar war. Haben wir als Kind viel Liebe und Spaß erlebt, speichern wir diese Erfahrungen und nutzen sie, um unser Wohlbefinden zu sichern. Haben wir Erfahrungen von Bindungslosigkeit oder gar Gewalt gemacht, werden auch diese Erfahrungen unseren späteren Umgang mit Menschen entscheidend beeinflussen. Je formbarer die Verschaltung unseres Gehirns bei den Erfahrungen war, desto stärker prägen uns diese Erfahrungen und desto nachhaltiger sitzen sie für den Rest unseres Lebens; sie graben sich in unser Gehirn ein und lassen sich auslösen ähnlich angeborenen Instinkten, obwohl sie keine sind. Sie können sich dieses Handlungsprogramm so vorstellen, als legen Sie eine Kassette, die vor langer Zeit bespielt wurde, in einen Rekorder ein und dieser spielt das Programm ab. Erkennen wir solche Handlungsprogramme und decken die Erfahrungen auf, die diesen zugrunde liegen, haben wir die Chance, unerwünschte Handlungsprogramme zu ändern. Maja Storch hat dies sehr anschaulich und lebensnah in ihrem Buch „Selbstmanagement ressourcenorientiert" beschrieben; sie bietet auch Kurse hierzu an (siehe Serviceteil).

Neuen Informationen ordnen wir Erfahrungen zu

Neue Informationen versuchen wir, in die vorhandenen Erfahrungen einzuordnen: „Kann ich das einordnen?", fragt sich unser Gehirn, wenn wir neue Informationen erhalten oder neuen Menschen im Arbeitsleben begegnen. Hierzu reicht schon die Verbindung eines Mitarbeiters mit seinem früheren Arbeitgeber und den damit verbundenen Erfahrungen aus, den neuen Mitarbeiter zu bewerten. Schnell, unkontrolliert und unbewusst. Was folgt hieraus? Die Natur will anscheinend, dass wir Menschen schnell bewerten. Wenn wir uns also vornehmen, dass wir neuen Menschen völlig unbefangen gegenübertreten, dann können wir dies schon biologisch nicht! Die Natur will, dass wir jedem neuen Menschen mit unserer geballten Erfahrungen und den damit verbundenen Emotionen und Körperzuständen begegnen. Viele Probleme im Arbeitsalltag entstehen, weil wir diese Erfahrungen nicht ernst nehmen und unsere Körperzustände zu wenig beachten.

Was geschieht, wenn wir noch keine Erfahrungen mit einer Person gemacht haben? Hier kommt unser emotionales Erfahrungsgedächtnis an seine Grenze: In neuen Situationen kann es ähnliche Erfahrungen suchen, indem es verallgemeinert und auf Muster zurückgreift (siehe Kapitel 1.2): „Alle Vorgesetzten sind rücksichtslos". Doch kann die jetzige Situation völlig anders sein als jene, die unser Gehirn als frühere ähnliche Erfahrungen heranzieht (der Vater als Autoritätsperson war rücksichtslos). Sie kennen das Gefühl von Machtlosigkeit und Kontrollverlust, das Sie als Kind gespeichert haben. Heute noch können

Schlüsselreize diese Erfahrung auslösen, auch wenn die Situation objektiv betrachtet überhaupt nicht vergleichbar ist, denn heute sind Sie nicht mehr schutzlos und können mittlerweile als Erwachsener viel mehr Macht und Kontrolle selbst ausüben, als Sie dies seinerzeit als Kind konnten – doch das Programm funktioniert, schnell, zuverlässig und unbewusst. Ein weiteres Problem der Verallgemeinerung der Aussage „Alle Vorgesetzten sind rücksichtslos" ist, dass es sich bei dieser Führungskraft um eine Ausnahme handelt, für die das verallgemeinerte Muster nicht passt.

Besser wäre daher, uns in einer neuen Situation stärker auf unseren Verstand zu verlassen. Dieser braucht zwar länger und frisst mehr Energie, aber dafür urteilt er zuverlässiger in neuen Situationen. „Wir sollten daher Informationen über die neue Situation sammeln, abwägen und entscheiden, wenn wir ein gutes Gefühl haben", rät Maja Storch. „Dieses gute Gefühl entsteht zum einen dadurch, dass wir nicht gegen frühere Erfahrungen handeln und zum anderen, indem wir die Situation gedanklich durchdrungen haben. Wir nutzen sowohl unser emotionales Erfahrungsgedächtnis als auch unseren Verstand." Storch fasst das Grundprinzip zusammen: „Psychisches Wohlbehagen entsteht, wenn die Bewertung aus dem emotionalen Erfahrungsgedächtnis – die unbewusste Bewertung – und die Analyse des Verstandes – die bewusste Bewertung – zu übereinstimmenden Ergebnissen kommen." Wir kommen im nächsten Kapitel noch einmal hierauf zurück, wenn wir uns den Zusammenhang von Bewusstem und Unbewusstem genauer ansehen.

Ein Aspekt von Erfahrungen mit Menschen im Arbeitsleben möchte ich an dieser Stelle noch erwähnen, nämlich die Erfahrung mit Macht und der Konsequenz für den späteren Lebensweg: Forschungsstudien zeigen, dass Führungskräfte in der Wirtschaft überwiegend aus Familien des gehobenen Bürgertums stammen – nach Angaben des Darmstädter Soziologieprofessors Michael Hartmann sind dies über 80 Prozent, die Hälfte von ihnen kommt sogar aus dem Großbürgertum. Der Anteil des Bürgertums an der Bevölkerung beträgt aber nur 3,5 Prozent, der am gehobenen Bürgertum nur 0,5 Prozent. Von den Vorstandsvorsitzenden der 2005 im DAX gelisteten 30 Unternehmen kamen 22 aus einer Chef-Familie, sechs aus der Mittelschicht und nur zwei aus einer Arbeiterfamilie. Hartmann hat festgestellt, dass in den 400 größten deutschen Unternehmen die Chance auf eine Führungsposition für den promovierten Nachwuchs aus dem Großbürgertum dreimal so groß ist wie für einen qualifizierten Promovierten aus der Mittelschicht oder der Arbeiterklasse. Die Erklärung, die Hartmann hierfür gefunden hat: Der selbstverständliche Umgang mit der Macht ist es, der neben den guten Beziehungen der Familie über die Karriere entscheidet. Hartmann: Kinder aus der Mittelschicht werden Experten, wenn sie gut sind, aber selten Leittiere, die nach Macht streben.

1.3.2 Erwartungen als Belohnung

Eng verbunden mit Erfahrungen sind Erwartungen: Unsere Erfahrungen dienen dazu, Erwartungen vorherzusagen, auf deren Grundlage wir entscheiden können. Fachautor Friedhelm Schwarz schreibt: „Das Muster der Gedanken besteht also aus Erinnertem und Gefühltem, in Verbindung mit eingehenden Informationen, die im Netz der Muster miteinander verknüpft werden, um zu entscheiden, was ist, was sein soll oder was sein wird." Wie geschieht dies? Wir nehmen auf der Grundlage unserer Erfahrungen das Ergebnis unseres Handelns vorweg und fragen uns, wie wir uns dann fühlen würden. „Wie werde ich mich fühlen, wenn ich meinem Kollegen helfe?" „Wie werde ich mich fühlen, wenn ich meinen Chef um eine Gehaltserhöhung bitte?" „Wie werde ich mich fühlen, wenn ich meinem Kollegen eine Bitte ausschlage?". Da wir ein soziales Gehirn haben, kann es sich auch fragen, wie wir auf andere wirken würden, wenn wir handeln. Der Psychoneurologe Joachim Bauer beschreibt diesen Prozess so: „Handlungs-neurone ... kodieren die Programme für das operative Vorgehen und für das Ziel einer Handlung. Die Nervenzellen für die Vorstellung von Empfindungen ergänzen dies durch Informationen darüber, wie sich die geplante Handlung für den handelnden Körper anfühlen würde. Erst die Kombination des handelnden und des empfindenden Systems ergibt die neuronale Basis für die Vorstellung, Planung und Ausführung von Aktionen."

Wie Erwartungen, also gedankliche Vorstellungen, sogar Körperzustände auslösen können, zeigt die Forschung zu Placebos in der Medizin, also die Wirkung von Medikamenten ohne Wirkstoff: Allein die Erwartung, dass aufgrund der Einnahme eines Medikamentes die Heilung eintritt, führt hier zur Besserung oder sogar zur Heilung. Was geschieht hierbei aus neurowissenschaftlicher Sicht? Untersuchungen von Testpersonen unter dem Gehirnscanner zeigen: Je stärker der Schmerz subjektiv nachließ, desto stärker ging auch die Aktivität in schmerzsensiblen Teilen des Gehirns zurück. Stärker aktiv hingegen ist ein anderer Teil des Gehirns, nämlich jener, den die Hirnforscher mit emotionalen Erfahrungen und der Hemmung von Impulsen verbinden. Dort fällt die Entscheidung, wann körpereigene Opiate ausgeschüttet werden, die dann den Schmerz betäuben. Werden die Opiate mit Medikamenten blockiert, verflüchtigt sich der Placeboeffekt. Dies scheint zu beweisen, dass es tatsächlich körpereigene Stoffe sind, die für den Placeboeffekt verantwortlich sind. Hirnforscher Gerald Hüther zitiert die Kraft der Erwartungen am Beispiel eines kalifornischen Eisenbahnarbeiters: Als dieser Fracht in einem Kühlcontainer kontrollieren sollte, schlossen sich die Türen und er war gefangen. Man fand ihn bei Schichtende tot im Container. An die Wände hatte er geschrieben: „Niemand hat meine Hilferufe gehört. Meine Hände und Füße werden immer kälter. Ich weiß nicht, wie lange ich das noch aushalte." Die Crux: Das Kühlaggregat des Containers war defekt. Die Innentemperatur lag nur wenig unter der durchaus angenehmen Außentemperatur. Allein seine Gedanken und die Interpretation seiner Situation führten dazu, dass sich der Mann aufgab und starb. Die FAZ zitiert eine Zürcher Beraterin: „Gedanken können Mut- und Energielieferanten sein oder beides in einem Menschen auslöschen".

Die folgende Geschichte eines unbekannten Verfassers zeigt die Bedeutung von Erfahrungen und Erwartungen im Umgang mit Menschen:

> Vor den Toren der Stadt saß einmal ein alter Mann. Jeder, der in die Stadt wollte, musste an ihm vorbei.
>
> Ein Fremder hielt an und fragte den Alten: „Sag mir Alter, wie sind die Menschen hier in der Stadt?"
>
> „Wie waren sie denn dort, wo Ihr zuletzt gewesen seid?", fragte der Alte zurück.
>
> „Wunderbar. Ich habe mich dort sehr wohl gefühlt. Sie waren freundlich, großzügig und stets hilfsbereit."
>
> „So etwa werden sie auch hier sein."
>
> Dann kam ein anderer Fremder zu dem alten Mann. Auch er fragte: „Sag mir doch Alter, wie sind die Menschen hier in der Stadt?"
>
> „Wie waren sie denn dort, wo Ihr zuletzt gewesen seid?", lautete die Gegenfrage.
>
> „Schrecklich. Sie waren gemein, unfreundlich, keiner half dem anderen."
>
> „So, fürchte ich, werden sie auch hier sein."

Unser Handeln ist durch positive Erwartungen und Belohungen bestimmt

Wenn wir im Berufsleben Entscheidungen über unseren Umgang mit anderen Menschen treffen sollen, dann sind diese stark von den Erwartungen an positive Konsequenzen geprägt. Frage: Lassen sich die positiven Konsequenzen genauer beschreiben? Antwort: Ja! Diese positiven Konsequenzen haben mit unserem Motivsystem zu tun, also unseren Handlungsantrieben. Die drei Grundmotive sind Sicherheit, Erregung und Autonomie, jeder Mensch hat sie. Wir suchen die Erfüllung dieser Motive und meiden das, was deren Erfüllung verhindert. Sie lernen diese drei Dimensionen im nächsten Kapitel genauer kennen. Die Erwartung, ob und wie stark diese Motive durch Menschen im Arbeitsleben befriedigt werden, entscheiden über unseren Umgang mit ihnen.

Bei den Erwartungen kommen noch einmal die Schemata beziehungsweise Stereotype ins Spiel, die Sie schon in Kapitel 1.2 kennen gelernt haben: Von einem Wirtschaftsboss erwarten wir ein bestimmtes Aussehen, Verhalten und Kommunikation. Die meisten Wirtschaftsbosse erfüllen diese Erwartungen, andere brechen sie, wie zum Beispiel Steve Jobs von Apple, der mit Rollkragenpulli auftritt, und Milliardär Richard Branson von Virgin, der zur Eröffnung seines Brautmodengeschäfts in einem weißen Brautkleid erschien. Doch dies sind eher Ausnahmen.

Gerade in Deutschland sind viele Wirtschaftsbosse bemüht, den Erwartungen sogar detailliert zu entsprechen – bis hin zu schwarzen und dunkelblauen Anzügen, roten Krawatten, Edeluhren und einer Luxuslimousine. Duzt uns eine solche Person, von der wir eigentlich Distanz und Autorität erwarten, kann uns dies verwirren. Wir müssen mitunter mit großem Energieaufwand herausfinden, welche Beziehung zu ihm zwischen Nähe und Distanz herrscht. Gerade, weil wir von Führungskräften Stärke und klare, mutige Entscheidungen erwarten, Führung eben, sind wir enttäuscht, wenn diese ausbleiben. Enttäuschung setzt Erwartung voraus, weil wir nur dann enttäuscht sein können, wenn wir zuvor etwas erwarten. Wir suchen daher Hinweise in anderen Menschen, was wir von ihnen erwarten können, welche Emotionen damit für uns verbunden sind, damit wir entscheiden können, ob wir das Anliegen der Person unterstützen oder nicht. Also: Was können wir von der Person erwarten? Aber auch: Was können wir nicht erwarten? Je klarer die Antworten für uns sind, desto schneller und eindeutiger können wir entscheiden (siehe ausführlich Kapitel 8.2).

Unser Belohnungssystem

Ebenfalls ins Spiel im Zusammenhang mit Erwartungen kommt auch unser Belohnungssystem. Beide sind eng verknüpft, damit wir lernen (siehe Kapitel 1.3). Das Belohnungssystem soll unser künftiges Handeln steuern und danach handeln, was uns gut tut. Hierzu verfügen wir über Hirnstrukturen, die uns mit guten Gefühlen belohnen, wenn wir etwas tun, das gut für uns ist. Im Arbeitsleben ist unser Belohnungssystem also dann aktiv, wenn wir uns von einer Person etwas erwarten, was uns gut tut: Erwartungen an ein positives Erlebnis oder künftige Belohnungen aktivieren ein spezifisches Netzwerk in unserem Hirn, was zur Freisetzung von körpereigenen Opiaten führt – Stoffe, die für uns mit Wohlbefinden und Lust verbunden sind.

Das Belohnungssystem wird besonders stark aktiviert, wenn unerwartete positive Erlebnisse eintreten, wie zum Beispiel eine Gehaltserhöhung oder ein großes Lob unseres Vorgesetzten. Andererseits wird unser Belohnungssystem besonders stark deaktiviert, wenn erwartete Belohnungen nicht eintreten, also wenn das Lob ausbleibt – wir nehmen dies als Enttäuschung wahr und senken den Kopf als Ausdruck des Körpers auf die Enttäuschung. Das Belohnungssystem funktioniert unabhängig von der Art des Reizes, stattdessen reagiert es allgemein auf die Erwartung eines positiven Erlebnisses, auf einen vorweggenommenen Lustgewinn, zum Beispiel wenn wir anderen imponieren. Was kann dies bei Menschen im Arbeitsleben sein? Dies schauen wir uns in Kapitel 2 an.

1.4 Entscheidungen fallen stark unbewusst

Zu den wesentlichen Prinzipien der Arbeit unseres Gehirns und damit für die Wirkung von Menschen im Arbeitsleben auf uns gehört, dass wir hiervon fast nichts mitbekommen: Unser Gehirn erledigt etwa 90 Prozent für uns unbewusst, nur der geringste Teil dringt in unser Bewusstsein. Unter Bewusstsein versteht die Psychologin Maja Storch „alle geistigen Tätigkeiten, die ein Mensch bei sich selbst wahrnimmt und über die er Auskunft geben kann, wenn er danach gefragt wird." Ihr Beispiel: Fragt man einen Einkäufer in einem Unternehmen, warum er eine bestimmte Rechenmaschine gekauft hat, könnte er zwar das günstige Preis-Leistungs-Verhältnis angeben; tatsächlich jedoch hat er die Maschine deshalb gekauft, weil ein Kollege sie besitzt, den er sehr schätzt. Ein anderes Beispiel: Der Personalchef begründet die Einstellung der neuen Buchhalterin damit, dass sie die besten Zeugnisse hat; tatsächlich jedoch hat sie ihm von allen Bewerbern das sicherste Gefühl vermittelt.

Zur unbewussten Arbeit unseres Gehirns, Forscher sprechen auch vom impliziten System, gehört die Steuerung sämtlicher Körpervorgänge wie Blutkreislauf und Verdauung – oder möchten Sie immerzu daran denken, was Ihr Körper tun muss, damit Ihr Darm Nahrung verdaut? Zur unbewussten Arbeit gehören auch Bewertungen von Gefahren, zum Beispiel wenn ein Ball auf uns zufliegt und wir spontan die Hände vor das Gesicht halten, oder heftiges Verteidigen, wenn uns ein Kollege kritisiert.

Im Berufsleben erledigen wir viele Arbeiten, ohne darüber nachzudenken: Wir schalten den Computer ein, faxen einen Brief und surfen durch das Internet. Wir weichen einem Kollegen aus, der mit Ordnern voll gepackt, direkt auf uns zukommt. Wie wir dies tun, darüber machen wir uns keine Gedanken mehr. Klingelt das Telefon, nehmen wir den Hörer ab, ohne darüber nachzudenken. So leitet uns unser Unbewusstsein durch Alltag und Beruf. Warum arbeitet unser Hirn so? Hierfür gibt es vor allem drei Gründe:

- *Erstens* kostet uns das Bewusstsein viel Energie. Unser Gehirn nimmt zwar nur etwa 2 Prozent unserer Körpermasse ein, verbraucht aber bei intensivem Denken bis zu 20 Prozent Körperenergie; wenn unser Gehirn unbewusst arbeitet, verbraucht es nur noch 5 Prozent. Da unser Körper zum Fortpflanzen und Überleben auf Energie angewiesen ist, sind wir fleißige Energiesparer. Der Gehirnforscher Gerhard Roth sagt: „Bewusstsein ist für das Gehirn ein Zustand, der tunlichst zu vermeiden und nur im Notfall einzusetzen ist." Zum Energiesparen arbeitet unser Gehirn mit Prinzipien, mit denen es sich seine Arbeit erleichtert: Zum Beispiel trennt unser Gehirn jene Aktivitäten, die bewusst ablaufen, Zeit und Energie kosten, von jenen Aktivitäten, die unbewusst ablaufen, schnell sind und wenig Energie verbrauchen. Hirnforscher Wilson schreibt, dass unser Geist ein hervorragend konstruiertes System ist, das viele Arbeitsvorgänge parallel ausführen kann, indem es die Welt außerhalb unseres Bewusstseins analysiert und erfasst, während es bewusst an etwas anderes denkt.

  Die enorme Leistung unseres Unbewussten veranschaulichen folgende Zahlen, die Neuroinformatiker ermittelt haben: Bewusst kann unser Gehirn etwa 40-50 Bit Informationen pro Sekunde verarbeiten; unbewusst verarbeiten wir ein Vielfaches, genau gesagt 11.000.000 Bit. Fazit: Wenn wir im Arbeitsleben anderen Menschen begegnen, laufen wesentlich mehr unbewusste Prozesse ab als bewusste. Wir verarbeiten, interpretieren und bewerten, ohne dass wir hiervon etwas bewusst mitbekommen.

  Prozesse, die wir immer wieder durchführen, legt unser Gehirn in unserem Langzeitgedächtnisses ab – hierzu gehören Tätigkeiten wie Rad fahren, Klavier spielen und der Umgang mit unserem PC am Arbeitsplatz. Solche Tätigkeiten üben wir zunächst bewusst aus, dann automatisieren wir sie, bis sie unbewusst ablaufen und wir nach einiger Zeit nicht mehr überlegen müssen, was zu tun ist, um mit dem Computer einen Brief zu schreiben. Um Energie zu sparen, versucht das Gehirn, möglichst viele Handlungen und Erfahrungen zu automatisieren, die für uns positive Konsequenzen hatten oder mit denen wir negative Folgen vermieden haben.

- *Zweitens:* Unsere Reaktionen laufen wesentlich schneller ab, wenn unser Gehirn eingehende Informationen direkt in Handlungen umsetzt: In akuter Gefahr rennen wir weg – wir haben keine Zeit, die Situation erst einmal gründlich zu analysieren, Handlungsoptionen zu entwickeln, diese abzuwägen und dann zu entscheiden. Oder tun Sie dies, wenn ein Auto mit hoher Geschwindigkeit auf Sie zukommt?

■ *Drittens:* Unser limbisches System, der Sitz unserer emotionalen Intelligenz, und die mit ihm verbundenen gespeicherten Erfahrungen enthalten das, was sich bewährt hat. Warum soll das Gehirn nachdenken, wenn es die bewährte Lösung schon gespeichert hat?

Wie mächtig das Unbewusste in unserem Gehirn ist, beschreibt Timothy Wilson so: „Wenn Freud sagt, das Bewusstsein sei die Spitze des geistigen Eisbergs, war dies eine gewaltige Untertreibung – es handelt sich wohl eher um einen winzigen Schneeball auf der Spitze dieses Eisbergs. Unser Geist arbeitet am wirksamsten, indem er einen Großteil komplexer Denkarbeit höherer Ordnung an das Unbewusste delegiert, so wie ein modernes Verkehrsflugzeug in der Lage ist, mit Autopilot und wenig oder gar keinem Input durch den „bewussten" menschlichen Piloten zu fliegen. Das adaptive Unbewusste leistet ausgezeichnete Arbeit, indem es die Welt taxiert, den Menschen vor Gefahr warnt, Ziele setzt und komplexe, effiziente Handlungen vorbereitet. Es ist ein notwendiger und umfangreicher Teil eines äußerst leistungsfähigen Geistes…"

Sinnesorgan	Unbewusst in Bit/Sekunde	Bewusst in Bit/Sekunde
Auge	10.000.000	40
Ohr	100.000	30
Haut	1.000.000	5

Tabelle 1:   Beispiele für die bewusste und unbewusste Informationsverarbeitung (Quelle: nach Scheier/Held 2006)

Wir dürfen uns jedoch das Unbewusste nicht als zentrale Schaltstelle im Gehirn vorstellen, sondern als System aus Systemen mit unterschiedlichen Aufgaben: Wir besitzen, so Wilson, „einen unbewussten Sprachprozessor, der uns ermöglicht, Sprache mühelos zu lernen und zu verwenden, doch dieses geistige Modul ist relativ unabhängig von unserer Fähigkeit, Gesichter rasch und wirksam zu erkennen, oder unserer Fähigkeit, augenblicklich zu beurteilen, ob eine Situation gut oder schlecht ist. „Am besten stellen wir uns das adaptive Unbewusste als eine Anzahl von Stadtstaaten im menschlichen Geist vor und nicht als einen einzigen Homunkulus wie den Zauberer von Oz, der hinter dem Vorhang des Bewusstseins die Fäden zieht."

Unser Gehirn ist ständig aktiv und verarbeitet riesige Datenmengen von Menschen im Arbeitsleben: deren Händedruck, Geruch, Verhalten gegenüber der Sekretärin und Bewegungen der Gesichtsmuskulatur, an die wir uns aber hinterher nicht mehr erinnern (siehe ausführlich Kapitel 4). Auch wenn wir hellwach sind, ist uns nur ein winziger Bruchteil dessen bewusst, was wir denken. Denn das Denken ist in erster Linie ein unbewusster Prozess, der hauptsächlich darin besteht, zu entscheiden, welche eingehenden Informationen wichtig sind und welche nicht.

Diese Prüfung übernimmt unser limbisches System, der Sitz unserer Emotionen. Es funktioniert wie die Eingänge sortierende Bibliothekarin: Als wichtig erkannte Informationen reicht sie an das Bewusstsein weiter, allerdings nicht nur als Fakteninformation, sondern oft als Gefühl, weil auch das Unbewusste nicht immer solche oft sehr kleinen Informationseinheiten für den Verstand als Fakten aufbereiten kann. Hierfür hat Malcolm Gladwell in seinem Buch „Blink! Die Macht des Moments" zahlreiche Beispiele gesammelt. Eines handelt von einer griechischen Statue, die das J. Paul Getty-Museum in Kalifornien für rund zehn Millionen Dollar kaufen wollte. Die Frage war, ob die Statue echt ist. Ein Team von Wissenschaftlern bestätigte die Untersuchung; doch mehrere Kunstexperten waren skeptisch, konnten die es aber nicht in Worte fassen. Die Kunstexperten behielten recht: Schließlich stellte sich heraus, dass die Statue kein Original war, sondern aus alten Einzelteilen zusammengesetzt. Das Bauchgefühl reagierte offensichtlich aufgrund der langen Erfahrung der Experten, ohne dass das Bewusstsein dies erklären konnte.

Unbewusste Programme laufen also im Arbeitsleben automatisch ab, ohne unser Bewusstsein zu informieren. Attackiert uns eine Führungskraft, aktiviert unser Gehirn sein Stresssystem und wirft die alten, einfachen Notfallprogramme an: Angriff, Flucht, Erstarrung. In der wahrgenommenen Gefahr verringert unser Gehirn die Menge an Informationen, die es zu verarbeiten hat. Wichtig ist vor allem das, was sich direkt vor unseren Augen abspielt. Weniger wichtig sind Hören oder dass andere Menschen die Situation verstehen. Wir können dies erkennen an der außergewöhnlich klaren Sicht, am konzentrierten Tunnelblick und am eingeschränkten Gehör. Wir haben das Gefühl, dass die Zeit langsamer vergeht. Der Tunneleffekt ermöglicht, uns auf die Bedrohung zu konzentrieren. Unsere Anspannung wächst, was sich daran erkennen lässt, dass sich der elektrische Hautwiderstand deutlich ändert. Durch die Erregung steigt unsere Leistung, was jeder Wettkämpfer weiß oder ein Redner, der eine gewisse Erregung vor seinem Beitrag braucht, um sich zu konzentrieren. Wir sind bereit, uns zu verteidigen, noch lange bevor unser Bewusstsein dies ahnt.

Ist unsere Erregung zu stark, filtert unser Gehirn so viele Informationen heraus, dass wir uns wie gelähmt fühlen und keine komplexen Bewegungen mehr ausführen können, wie zum Beispiel mit jeder Hand eine andere Tätigkeit auszuführen. Ab Puls 175 schaltet unser Großhirn ab, das Mittelhirn nimmt die Zügel in die Hand. Haben Sie je versucht, mit einem wütenden oder verängstigten Menschen zu diskutieren? Unser Gehirn ist darauf programmiert, einer Gefahr schnell zu entkommen und hält sich hierfür möglichst an die simpelsten, irgendwie funktionierenden Schema.

Schon minimale Signale können ausreichen, um solche unbewusste Verhaltens-programme in Gang zu setzen, wie die Haltung des Kopfes der anderen Person (siehe Kapitel 4.5.1) oder deren Duft (siehe Kapitel 4.4). Dieser gesamte Prozess verläuft an unserem Bewusstsein vorbei – vom Wahrnehmen über das Entschlüsseln der Bedeutung bis hin zum Aktivieren unseres Verhaltens. Ein Beispiel: Menschen können wir in geeigneten Situationen abrufen, wenn wir Unterstützung benötigen. Wir können auf diesen Speicher schnell zugreifen und müssen nicht lange überlegen, wenn entsprechende positive Erfahrungen vorliegen.

Unser Bewusstsein wird erst dann aktiv, wenn wir mit Neuem und Unbekanntem konfrontiert sind, wenn wir langfristig planen, wenn Entscheidungskonflik-te auftreten. Benjamin Libet, inzwischen emeritierter Professor für Neurophysiologie an der University of California in San Francisco, hat nachgewiesen, dass das Bewusstsein, dass wir eine Handlung durchführen wollen, zu der wir uns aus eigenem Antrieb entschließen, fast ein halbe Sekunde nach dem Moment eintritt, in dem das Gehirn mit der Vorbereitung des Entschlusses begonnen hat. Die Handlungen setzen also unbewusst ein. Libet kam zu dem Schluss, dass das Bewusstsein lediglich eine Art Vetorecht hat, um eine vorbereitete Handlung abzubrechen, sie aber nicht auslöst. Hirnforscher Roth vergleicht unser Ich mit einem Regierungssprecher, „der Entscheidungen interpretieren und legitimieren muss, deren Gründe und Hintergründe er gar nicht kennt und an deren Zustandekommen er zudem nicht beteiligt war." Alles Denken hat demzufolge einen unbewussten Vorsprung.

Interessant zu wissen, wie sich Bewusstes und Unbewusstes in die Quere kommen können: „Eingeübte motorische Fähigkeiten werden von unbewussten Teilen unseres Gehirns ausgeführt, und bewusstes Nachdenken über die Verhaltenssequenz wirkt sich störend und nachteilig auf die Ausführung aus." Hierauf weist Gerd Gigerenzer, Direktor am Max-Planck-Institut für Bildungsforschung in Berlin, hin. Sollen wir beim automatischen Ausführen einer Handlung erklären, warum wir dies so tun, kann dies unser Handeln behindern. Ein anderer Effekt im Zusammenspiel zwischen Unbewusstem und Bewusstem für die Wirkung von Menschen im Arbeitsleben: Bewerten wir eine Person spontan und müssen dann überlegen, warum wir dies getan haben, kann dies zu einem anderen Urteil führen. Dieses Urteil muss aber nicht besser sein als das Spontanurteil: Ein Stellenbewerber löst im ersten Moment unsere Bedenken aus, doch dann schalten wir unser Gehirn ein, prüfen seine Zeugnisse und entscheiden uns vielleicht doch für ihn. Später stellt sich dann heraus, dass dieser Menschen ein Ekelpaket ist, was uns zwar auf den ersten Blick aufgefallen ist, aber wir haben uns vom Verstand beeinflussen lassen.

Wie effizient das Unbewusste arbeitet, zeigt sich darin, dass mehr Zeit nicht zu einem besseren Urteil über Menschen führen muss. Das Unbewusste ist eher Weltmeister in der Geschwindigkeit. Wichtiger sind dem Unbewussten die Erfahrungen, die wir machen. Gigerenzer: „Es scheint so zu sein, dass, je erfahrener ein Mensch ist, er desto weniger Zeit und Informationen benötigt, um eine gute Entscheidung zu treffen." Steht mehr Zeit zur Verfügung, prüfen wir zwar mehr Handlungsalternativen; doch zeigen Studien immer wieder, dass die Qualität unserer Entscheidungen hierunter leidet. Gigerenzer resümiert: „Wie gesehen, gilt der Grundsatz, „Mehr (Zeit, Nachdenken, Aufmerksamkeit) ist besser" nicht für die geübten Fähigkeiten von Experten. In solchen Fällen kann zu viel Nachdenken über die beteiligten Prozesse dazu führen, die Ausführung zu verlangsamen und zu stören (überlegen Sie einmal, wie Sie Ihre Schuhe zubinden). Diese Prozesse laufen am reibungslosesten außerhalb des Bewusstseins ab. Lass das Denken, wenn Du geübt bist – diese Lektion kann man getrost beherzigen."

Auch die Eindrücke von Menschen im Arbeitsleben verarbeiten wir unbewusst und rasend schnell: Wir brauchen den Bruchteil einer Sekunde, um einen anderen Menschen grob einzuschätzen, die Zeit eines Augenblinzelns. Studien zeigen, dass Probanden in Sekundenbruchteilen sagen können, ob sie sich eine andere Person als Kollegen oder Chef wünschen. Dieses Urteil ändert sich übrigens auch dann nicht, wenn sie das Foto mehrere Minuten lang betrachten, wie die Studien von Siegfried Fey zeigen, die Sie ausführlicher in Kapitel 4.5.1 kennen lernen werden.

An dieser Stelle ist wichtig zu wissen, dass es für die Geschwindigkeit unserer Urteilsbildung unerheblich ist, ob wir uns bereits die Meinung über eine Person gebildet haben, die wir nur aus dem Gedächtnis abrufen, oder ob wir uns diese Meinung erst bilden müssen. Offenbar entscheidet sich beim Anblick einer Person buchstäblich in Sekundenschnelle, was wir von dieser Person halten, welche Eigenschaften wir ihr zuschreiben oder absprechen, ob wir sie sympathisch finden, langweilig, arrogant, unehrlich, intelligent oder fair. Und ganz anders als bei einer rationalen Abwägung unseres Urteils bilden wir uns unsere Meinung so mühelos, dass wir hierfür kaum mehr aufwenden müssen, als nötig ist, um wach zu bleiben. Dies vereinfacht unserem begrenzten Bewusstsein die Arbeit, wir müssen nicht mehr nachdenken. Wir tun es aus dem Bauch heraus, wie wir umgangssprachlich sagen.

Gerd Gigerenzer hat ein ausgezeichnetes Buch über solche blitzschnellen Bewertungen und deren Mechanismen geschrieben: „Bauchentscheidungen. Die Intelligenz des Unbewussten und die Macht der Intuition". Bauchgefühl setzt er gleich mit den Begriffen Intuition und Ahnung. Hierbei handelt es sich um „ein Urteil, 1. das rasch im Bewusstsein auftaucht, 2. dessen tiefere Gründe uns nicht ganz bewusst sind und 3. das stark genug ist, um danach zu handeln". Unser Bauchgefühl entsteht aus einfachen Faustregeln. Eine Faustregel versucht nicht, Pro und Kontra abzuwägen, sondern die wichtigsten Informationen herauszugreifen und den Rest außer Acht zu lassen, um schnell zu einem Urteil zu kommen. Hierzu sind wir in der Lage durch Natur und Kultur, Erfahrung und damit längerer Übung.

Die Intelligenz des Unbewussten liegt darin, dass es, ohne zu denken, weiß, welche Regeln in welcher Situation wahrscheinlich funktionieren. Nicht die Menge an Informationen oder deren sorgfältige Abwägung führen zu unserem Urteil, sondern Schlüsselinformationen. Welche Schlüsselinformationen an uns Menschen im Arbeitsleben liefern, zeigt ausführlich Kapitel 4. Von Schlüsselinformationen schließen wir dann auf weitere Eigenschaften der Person. Wenn wir bereits von einer positiven Eigenschaft wissen, dann neigen wir eher dazu, weitere positive Eigenschaften zu unterstellen statt negative: Wenn ein Mitarbeiter als fleißig gilt, dann halte ich ihn auch eher für gewissenhaft und intelligent. Dies gilt auch für schlechte Eigenschaften. Der erste dominante Eindruck ist so stark, dass dieser in den meisten Situationen die späteren Urteile über die Person einfärben kann. Ein weiteres Beispiel ist, dass wir attraktiven Menschen positivere Eigenschaften zuschreiben als weniger attraktiven Menschen (siehe Kapitel 4.1).

1.5 Bewertungen erfolgen stark emotional

Im Zusammenhang mit unseren Erfahrungen haben Sie in Kapitel 1.3.1 die Bedeutung von Gefühlen kennen gelernt. Wie sieht es mit dem Zusammenhang von Gefühl und Verstand aus? Viele Menschen gehen noch immer davon aus, dass beides streng getrennt ist. Sie haben die Vorstellung, dass unsere rechte Gehirnhälfte für das Emotionale zuständig ist, die linke für Rationales. Die moderne Hirnforschung weist darauf hin, dass es diese strenge Trennung nicht gibt. Tatsächlich bilden beide Systeme eine Einheit.

Im Arbeitsleben herrscht meist die Devise, Entscheidungen streng rational zu treffen und seine Entscheidung mit triftigen Argumenten zu begründen. Typische Aussagen lauten dann „Durchdenken Sie das noch einmal", „Haben Sie die Zahlen gründlich geprüft?" Die Schweizer Psychologin Maja Storch schreibt: „Entscheidungen fallen emotions- und leidenschaftslos: Diese Vorstellung hat sich in unserem Alltagsverständnis so sehr festgesetzt, dass sie oftmals gar nicht mehr hinterfragt wird. Für viele Menschen aus dem Management zum Beispiel ist sie so selbstverständlich wie die Tatsache, dass sie Luft zum Atmen brauchen. Sie versuchen, ihre Gefühle in den Griff zu kriegen und üben sich im

Pokerface." Doch schon ein kurzer Blick hinter die rationale Fassade offenbart ein völlig anderes Bild: Tatsächlich investieren Manager Jahre in ihre Ausbildung, lernen hart und lassen sich von der Erwartung antreiben, noch mehr Macht und Kontrolle auszuüben. Sie haben ein gutes Gefühl dabei. Auch wir können diese Emotionen quasi täglich fühlen, wenn wir auf das bloße Erscheinen einer Person auf dem Podium emotional reagieren, ohne dass diese Person nur ein Wort gesprochen hätte. Diese emotionale Reaktion kann Forschern zufolge so stark sein, dass sie unsere Entscheidungen weit stärker beeinflusst, als uns bewusst ist und als wir uns zugestehen wollen, weil wir Entscheidungen – unserem Selbstverständnis gemäß – kritisch treffen. Der Inhalt der Rede war gut, aber uns hat die Nase des Redners nicht gepasst und deshalb werden wir den Vortrag kaum in guter Erinnerung behalten. Beziehungsebene vor Sachebene, ist ein alter Lehrsatz der Kommunikation.

Unsere Emotionen haben ihren Sitz im limbischen System. Dort sitzen auch unsere Wünsche und dort fällen wir letztlich unsere Entscheidungen. Hirnforscher Gerhard Roth nennt als allgemeine Funktion des limbischen Systems die „Bewertung dessen, was das Gehirn tut … Das Wirken des limbischen Systems erleben wir als begleitende Gefühle, die uns entweder vor bestimmten Handlungen warnen oder unsere Handlungsplanung in bestimmte Richtungen lenken. Gefühle sind somit konzentrierte Erfahrungen; ohne sie ist vernünftiges Handeln unmöglich. Wer nicht fühlt, kann auch nicht vernünftig entscheiden oder handeln." Entscheidungen fallen letztlich im limbischen System; das erwartete Gefühl als Folge der Entscheidung scheint unser Handeln letztlich auszulösen. Roth erklärt die Bedeutung des limbischen Systems für unsere Entscheidungen so: „Das Gefühl, etwas zu wollen, kommt erst, nachdem das limbische System schon längst entschieden hat, was getan werden soll. Die Quintessenz ist, dass dieses System die letzte Entscheidung darüber hat, ob wir etwas tun oder nicht." Die Motivforscherin Helene Karmasin schreibt: „Das wahre Motiv lautet: Du willst es, Du musst es haben, es ist wunderbar. Das legitimierende Motiv lautet: Du brauchst es, es ist notwendig und sinnvoll."

Antonio Damasio hat in seinen Studien festgestellt, dass an den meisten Entscheidungen, die wir in der Alltagssprache ‚vernünftig' nennen und von denen wir glauben, dass sie ohne Emotionen zustande kommen, Emotionen doch beteiligt sind. Mehr noch: Einige seiner Patienten, die auf Grund von Hirnschäden nicht mehr fühlten, konnten gleichzeitig nicht mehr rational entscheiden. Fazit: Emotionen sind notwendige Grundlage für vernünftiges Handeln.

Ein einfaches Beispiel: Die Umstellung auf den Euro ist in vielen Köpfen nicht letztlich erfolgt – viele vergleichen noch immer Euro mit D-Mark. Das Problem ist aber nicht, die Währung bloß umzurechnen (rational), wie wir es auch im

Urlaub mit fremden Währungen tun; vielmehr liegt es darin, dass wir gemeinsam mit einem DM-Betrag das Gefühl gespeichert hatten, ob dies ein angemessener Preis ist (emotional). Wir wussten, 1 DM ist ein angemessener Preis für eine Tafel Schokolade. Dieses Gefühl, auch mit dem Euro-Betrag zu verbinden, müssen wir oft erst noch lernen.

Fazit: Wir speichern, was uns an Erlebnissen mit Menschen wichtig ist. Was wichtig für uns ist, hierüber entscheiden unsere Emotionen und darauf aufbauende Bewertungen. Ist es nicht so: Wir möchten uns gut mit einer Entscheidung fühlen?

Sehr interessant für unbewusste und emotionale Bewertungen von Menschen sind die Studien von Siegfried Frey. Er zeigte Studierenden aus Deutschland, Frankreich und den USA Filmclips von Politikern aus den TV-Nachrichten der drei Länder (das Vorgehen und weitere Ergebnisse finden Sie in Kapitel 4.5.1). Erstes Ergebnis: Nur wenige Sekunden reichten aus, damit sich die Studierenden ein dezidiertes Urteil über die Politiker bilden konnten. Hierbei war es für die Geschwindigkeit des Urteils völlig unerheblich, ob die Betrachter schon eine Meinung vom Politiker hatten oder ob sie sich diese Meinung erst bilden mussten. Frey: „Offenbar entscheidet sich beim Anblick einer Person buchstäblich in Sekundenschnelle, was wir von dieser Person halten, welche Eigenschaften wir ihr zuschreiben oder absprechen, ob wir sie sympathisch finden, als langweilig erachten, als arrogant, unehrlich, intelligent, fair und anderes mehr einstufen. Und ganz anders, als dies bei einer rationalen Abwägung unseres Urteils der Fall wäre, läuft die durch das nicht-sprachliche Verhalten ausgelöste Meinungsbildung so automatisch ab, dass der Betrachter … kaum mehr Mühe aufwenden muss, als nötig ist, um wach zu bleiben."

Für das Urteil der Studierenden spielte interessanterweise die Kopfhaltung der Politiker die entscheidende Rolle: Schon die leichte Neigung des Kopfes sendet einen so starken Reiz, dass wir die Person wesentlich sympathischer einschätzen als ohne diese Neigung des Kopfes. Noch etwas Wesentliches zeigt die Studie von Frey: Die gezeigten Politiker konnten die Zuschauer sehr unterschiedlich aktivieren: Ronald Reagan schnitt sehr gut ab, ein französischer Politiker ließ die Betrachter quasi kalt. Bilder von Reagan führten, so Frey, zu einer „ganz massiven Erregung des elektrodermalen Systems". Folge: Er hat viele Menschen stark über eine vergleichsweise lange Zeit aktiviert. Die Betrachter reagierten auf Reagan so überraschend gleichartig, „als seien ihre vegetativen Systeme innerlich gleichgeschaltet." Eine weitere für uns interessante Entdeckung von Frey: Wir können sehr stark auf Menschen reagieren, selbst wenn wir diese bei Einschaltung unseres Verstandes eher negativ bewerten. Die Zuschauer bei Frey reagierten auf den Filmclip von Ronald Reagan selbst dann sehr stark, wenn sie ihn bei anschließendem Befragen, bei der der Verstand aktiv war, als Präsidenten mit „ziemlich bescheidenem politischen Sachverstand" beurteilten. Einerseits erschien Reagan den Versuchspersonen aus den drei Ländern übereinstimmend als gutgelaunt, sympathisch, andererseits aber auch als wenig intelligent, wenig kompetent und sogar wenig fair und wenig ehrlich. So verwundert es nicht, dass sich die Berater Reagans bei den Journalisten bedankten, wenn nur die Bilder stimmten.

In diesen Ergebnissen zeigen sich deutlich die Unterschiede in den Urteilen über Menschen, je nachdem, ob wir sie aus unserem Bewussten oder Unbewussten abrufen. Konsequenz für die Wirkung von Menschen im Arbeitsleben auf uns: Menschen können stark körperlich auf uns wirken, auch wenn wir beim Einschalten unseres Verstandes diese Person mit eher durchschnittlichen Fähigkeiten beschreiben würden. Hierzu noch ein Beispiel aus der aktuellen Forschung: Der Gerichtsprozess um den Chef der Deutschen Bank, Josef Ackermann, gilt gemeinhin als PR-Flop. Implizite Messungen zeigen jedoch, dass dessen Auftritt dem Image der Deutschen Bank nicht geschadet haben könnte. Vielleicht sogar das Gegenteil: Letztlich könnte die Gerichtsverhandlung auf uns unbewusst sogar positiv für die Deutsche Bank gewirkt haben, weil sie als Zeichen von deren Stärke und Unbeugsamkeit bewertet wird.

Die Forschung wird künftig wesentlich stärker solche impliziten Prozesse berücksichtigen müssen, weil sich zeigt, dass Menschen ihre Reaktion auf andere Menschen nur für jenen Teil angeben können, der ihnen gedanklich zugänglich ist – und dies ist, wie wir in Kapitel 1.4 gesehen haben, nur ein Bruchteil der Wirkung, die zum Gesamturteil über eine Person beiträgt.

Was Emotionen sind

Wenn Emotionen bei der Einschätzung von Menschen im Arbeitsleben eine so große Rolle spielen, sollten wir uns anschauen, was Experten unter diesem Begriff verstehen: Emotionen sind, so Psychologin Maja Storch, alle Prozesse, die mit Gefühlen verbunden sind, primäre und sekundäre, bewusste und unbewusste. Der Psychologe Philip Zimbardo sieht in Emotionen ein komplexes Muster von Veränderungen, das physiologische Erregung, Gefühle, gedankliche Prozesse und Verhaltensweisen einschließt, die als Reaktion auf eine Situation auftreten, die ein Mensch als persönlich bedeutsam wahrgenommen hat. Emotionen wirken sich auf unseren gesamten Organismus aus, so Damasio. „Bei einer typischen Emotion senden ... bestimmte Gehirnregionen, die zu einem weitgehend vorprogrammierten System gehören, nicht nur Befehle an andere Hirngebiete, sondern an fast jeden Ort des übrigen Körpers. Die Befehle werden auf zwei Wegen übertragen. Der eine ist die Blutbahn, wo die Übertragung durch chemische Moleküle erfolgt, die auf die Rezeptoren von Zellen in Körpergeweben einwirken. Den anderen Weg bilden Nervenzellbahnen und die Befehle auf dieser Route nehmen die Gestalt elektrochemischer Signale an, die auf andere Neuronen, Muskelfasern oder Organe (etwa die Nebenniere) einwirken, die ihrerseits chemische Stoffe in die Blutbahn abgeben können. Das Ergebnis dieser konzertierten chemischen und neuronalen Kommandos ist eine globale Veränderung im Zustand des Organismus."

Warum wir den Verstand brauchen

Welche Aufgabe hat unser bewusster Verstand, wenn die Prozesse so aufwändig sind, wie Kapitel 1.4 gezeigt hat? Arbeitet unser Verstand, sind die Ergebnisse präzise und detailliert. Unsere Erfahrungen, die deren gefühlsmäßige Bewertung enthalten, liefern schnellere Ergebnisse, aber diese sind diffus und detailarm. Wir haben ein „ungutes Gefühl", aber wir können uns dies nicht erklären, weil die Prozesse zur Entstehung meist unbewusst sind. Beide Auswertungssysteme des Gehirns sind also unterschiedlich spezialisiert und ergänzen sich in ihrem Zusammenspiel zu einer starken Partnerschaft: Der Verstand arbeitet genau, aber langsam. Das unbewusst arbeitende emotionale Erfahrungsgedächtnis kann schnell einschätzen, was von nur allgemeiner Natur ist. Wir erhalten eine erste Orientierung, bevor sich der Verstand zuschaltet. Arbeiten beide zusammen, entsteht ein optimales Bewertungssystem. Das emotionale Erfahrungsgedächtnis orientiert sich grob, bevor sich der Verstand zuschaltet und die Situation genauer unter die Lupe nimmt. Sie kennen das: Sie haben spontan gehandelt und hinterher wundern Sie sich, wieso Ihnen dies so schnell gelungen ist. Dann können Sie sich ein ausführliches Bild über die Situation machen – Ihre Großhirnrinde analysiert. Manchmal stellen Sie dann fest, dass Sie voreilig gehandelt haben, weil Sie die Situation falsch eingeschätzt und eine Bedrohung geahnt haben, wo vielleicht keine bestand. Aber besser, Sie bringen sich außer Gefahr, auch wenn tatsächlich keine bestand, als wenn Sie nicht schnell genug reagieren würden.

Manchmal liegt unser Gefühl richtig und unser Verstand falsch, zum Beispiel dann, wenn ein Personalchef einen Mitarbeiter einstellt, der zwar über gute Qualifikationen verfügt, aber bei dem er „gleich so ein ungutes Gefühl" hatte. Immer wieder bewahrheitet sich dieser erste gefühlsmäßige Eindruck, der daraus entstanden sein kann, dass wir früher erlebt haben, dass sich hinter zu großer Freundlichkeit plötzlich Unterwürfigkeit zeigte. Diese Beispiele zeigen, dass das gelungene Zusammenspiel beider Systeme – das emotionale Erfahrungsgedächtnis und der Verstand – die besten Entscheidungen treffen, so Maja Storch in ihrem Buch über gute Entscheidungen. Übrigens zeigt das gute Gefühl, dass auch bei einer „rein rationalen Entscheidung" immer emotionale Anteile enthalten sind.

Scheier und Held nennen in ihrem Buch „Wie Werbung wirkt" die Konsequenzen von Emotionen für die Kommunikation am Beispiel der Werbung: „Ein Unternehmen verkauft große Kräne. In der Werbung kommuniziert man Fakten und Vorteile über die Fahrzeuge, ihre Leistungsparameter und vieles mehr. Um die Werbung auffällig zu gestalten, zeigt die Agentur die Kräne in Großansicht. Menschen sind nicht zu sehen. Die Werbung floppt. Eine Analyse ergibt: Das Problem liegt in der Furcht des Kranführers vor der Überlegenheit des gigantischen Krans. Die ganzen Argumente für den Piloten werden deshalb außer Kraft gesetzt. Die werbliche Inszenierung der Kräne hat also implizit eine Botschaft transportiert, die vom Auftraggeber so nicht gedacht war. Der Autopilot des Kranführers hat offenbar eine ganz andere Botschaft entschlüsselt: „Der Kran ist stärker als du." Diese Werbung kann nur funktionieren, wenn man den Autopiloten des Kranführers davon überzeugt, dass er mit einigen Handbewegungen den Kran „beherrschen" und in den Griff kriegen kann. Die Optimierung der Anzeige liegt jetzt nicht darin, einfach einen Menschen zu zeigen, sondern man muss zeigen, wie der Kranführer den Kran im Griff hat. Über die Spiegelneuronen können die Kranführer sich dann in die Lage versetzen, den Kran zu steuern."

Psychologe Hans-Georg Häusel weist darauf hin, dass auch der Verstand für unsere Emotionen wichtig ist: „Auch das vernünftige Großhirn leistet ... einen wichtigen Beitrag bei der Emotionsverarbeitung. Insbesondere der vordere Teil des Gehirns spielt die Rolle eines (emotionalen) Rechenzentrums, das Wege und Wahrscheinlichkeiten berechnet, wie der Kunde und Konsument ein Maximum an Lust mit einem Minimum an Einsatz, zum Beispiel in Form von Zeit, Geld oder Arbeit, erhält. Dazu werden die eingehenden und vom limbischen System bewerteten Signale mit verschiedensten emotionalen Erfahrungen und Bildern, die aus dem so genannten episodischen oder autobiografischen Gedächtnis abgerufen werden, verrechnet. Daraus entsteht dann ein Handlungsplan, der vom mittleren Teil des Großhirns und den darunter liegenden Basalganglien in konkrete Handlungen umgesetzt wird." Verstand und Emotionen sind eng verknüpft – die starke Vernetzung unseres Gehirns haben Sie ja bereits als Grundprinzip für dessen Funktionsweise in Kapitel 1.1 kennen gelernt.

Wir wollen auch rational begründen

Der Vorgesetzte hat seine Entscheidung über die Beförderung eines Mitarbeiters stark unbewusst und emotional getroffen. Hinterher sucht er Gründe, um diese Entscheidung vor sich selbst und anderen zu begründen. Was würden wir als Mitarbeiter davon halten, wenn er uns erzählen würde, er hätte sich bei seiner Beförderung von seinem Bauchgefühl leiten lassen – auch wenn dies stark so der Fall gewesen ist.

Aber nicht nur hier: Generell wollen wir unser Handeln immer rational begründen, wenn wir danach gefragt werden – selbst wenn wir den Grund hierfür überhaupt nicht kennen, weil die Entscheidung unbewusst gefallen ist: Antonio Damasio berichtet von seinem Versuch, in dem er Menschen durch Beeinflussung des Gehirns sinnlose Handlungen ausführen ließ. Nach dem Grund dafür gefragt, fallen den Befragten alle möglichen und unmöglichen Begründungen ein – nur, um nicht zugeben zu müssen, dass sie den tatsächlichen Grund nicht kennen. Psychologe Hans-Georg Häusel kennt dies aus der Marktforschung: „Wird der Konsument von Marktforschern interviewt, erzählt er im Brustton der Überzeugung, wie überlegt und bewusst er dieses oder jenes Produkt eingekauft hat. Dass sein Bewusstsein im Nachhinein diese Geschichte erfunden hat und das unbewusste Programm einer völlig anderen Logik gehorchte, bleibt ihm verborgen. Das Gehirn des Kunden achtet unbewusst auf kleinste Signale."

Warum ist dies so? Für Wirtschaftsjournalist und Fachautor Friedhelm Schwarz ist es „einfach unpraktisch, wenn ein Organ wie das Gehirn, das darauf programmiert ist, Vorhersagen zu treffen, entweder nicht die Gründe für sein Handeln kennt, weil diese im Unbewussten liegen, oder wenn es im Zweifelsfall nicht in der Lage ist, diese vor sich selbst zu vertreten." Auch im Wirtschaftsleben werden daher viele Entscheidungen eigentlich emotional getroffen, aber hinterher rational begründet. Keine Entscheidungen ohne emotionale Beteiligung. Mark Twain schrieb: „Seinem Herzen kann man mit Vernunftgründen nicht beikommen, es hat seine eigenen Gesetze und klopft um Dinge, über die der Verstand spottet."

Fazit: Gefühl, Verstand und Körper – so könnte das Prinzip lauten, nach dem viele Prozesse in unserem Gehirn funktionieren. Gute Entscheidungen entstehen im Zusammenspiel von Verstand, Emotionen und Körperempfindungen wie das sprichwörtliche Bauchgefühl und der Herzenswunsch, so die Psychologin Maja Storch.

2. Menschen können uns ins Herz treffen

Die Erwartungen an Menschen im Arbeitsleben spielen die entscheidende Rolle für unser Handeln – dies haben Sie im vergangenen Kapitel erfahren. Die Frage ist jetzt, welche Erwartungen dies sein können? Soviel vorab: Die moderne Hirnforschung zeigt, dass unser Gehirn alle eingehenden Informationen danach bewertet, welche emotionale Bedeutung sie für uns haben. Genau gesagt, übernimmt diese Funktion unser limbisches System, das unsere Gefühle steuert (siehe Kapitel 1.5). Je emotional bedeutender der Mensch ist, desto positiver verhalten wir uns – dieser Mensch verheißt für uns ein starkes Erlebnis. Menschen sprechen das limbische System besonders schnell an, aber auch Worte wie „helfen" und „fürsorglich".

Das limbische System arbeitet für das Gedächtnis wie die Eingänge sortierende Bibliothekarin: Welche Information in den Langzeitspeicher gelangt, hängt davon ab, wie stark emotional bedeutend sie unser limbisches System einschätzt. Haften bleibt in unserem Gedächtnis, was unser limbisches System positiv wie negativ anrührt. Alles andere rauscht durch uns hindurch – langweilige, uninteressante Menschen aktivieren unser limbisches System nur wenig. An solche Menschen erinnern wir uns kaum. Dagegen öffnen emotional bedeutende Menschen das Tor zu unserem Gedächtnis – an jene Menschen erinnern wir uns gern und lang anhaltend.

Uns können plötzlich Menschen einfallen, die wir nur kurz oder vor sehr langer Zeit getroffen haben, die aber nachhaltig in unserem Gedächtnis wirken; der Grund ist, dass sie bedeutend für uns waren. Dies ist also der erste Grund, warum Menschen im Arbeitsleben so stark auf uns wirken und sie uns mitunter sogar ins Herz treffen: Sie sprechen unsere Gefühlswelt an und hinterlassen hierdurch eine Gedächtnisspur, wir erinnern uns besser an sie. Je emotionaler die Begegnung, desto stärker wirkt sie in unserem Gedächtnis: Wir können uns noch an Begegnungen detailgenau erinnern, die viele Jahre zurückliegen, dagegen ist die Erinnerung an manche andere Begegnungen schwer – sie haben keine Spuren in uns hinterlassen.

Wie unser Gehirn Menschen mit Bedeutungen verknüpft, zeigt das Experiment um den Neurowissenschaftler Christof Koch vom California Institute of Technology, das Scheier und Held in ihrem lesenswerten Buch „Wie Werbung wirkt" erwähnen: Koch und sein Forscherteam zeigten Patienten Bilder von Prominenten – von Bart Simpson über Bill Gates bis zu Halle Berry. Das Ergebnis: Bei jedem Prominenten feuerte ein bestimmtes Neuron, eine bestimmte Zelle. Hierbei war es dem Halle-Berry-Neuron vollkommen egal, wie genau Halle Berry zu sehen war – ob von links oder von rechts, mit oder ohne Hut, lachend oder nicht, mit oder ohne das Catwoman-Kostüm oder gar nur als der Schriftzug „Halle Berry" eingeblendet wurde – das Neuron feuerte. War sie hingegen mit einem anderen Prominenten zu sehen, blieb das Neuron stumm. Grund: Die Bedeutung des Bildes war nicht mehr dieselbe! Fazit: Für die Verschlüsselung einer Person scheint es gleichgültig zu sein, solange die Bedeutung der Person erkennbar ist.

Für die Bedeutung, die ein Mensch für uns hat, ist dessen Rolle uns gegenüber wichtig: Der eine Mensch hat für uns eine Bedeutung als Kollege, der andere als Vorgesetzter. Die Bedeutung kann sich auch beim gleichen Menschen verschieben, wenn er aufsteigt und vom Kollegen zum Chef wird. Damit ändert sich oft auch unsere Bewertung. Wir haben bereits in Kapitel 1.2 besprochen, dass wir viele Rollen im Berufsleben als Schemata lernen, wie jene des Ratgebers, des Förderers, des Kritikers. Ein Beispiel aus den Massenmedien: Die Frauenzeitschrift Brigitte hat die Bedeutung der Beziehung mit ihren Leserinnen erkannt. Sie beschreibt diese Beziehung und die Konsequenzen: „Du verstehst mich" (Seriosität und Kompetenz), „Du bist ehrlich zu mir" (höchste journalistische Qualität in Text und Bild), „Du nimmst mich ernst" (Respekt und eigene Haltung), „Du bringst mich weiter" (Inspiration und Perspektive), „Du tust mir gut" (Lebensfreude und Optimismus).

2.1 Bedeutendes fürs Gehirn

Die Frage lautet nun, welche Bedeutung ein Mensch für uns haben kann, weil er bestimmte (erwartete) Gefühle in uns auslöst beziehungsweise in Beziehung zu Bedürfnissen von uns steht? Von Norbert Bischof stammt das Zürcher Modell der sozialen Motivation. Der deutsche Psychologe nennt grundsätzlich die drei Motivsysteme, die uns durchs Leben leiten: Sicherheit, Erregung, Autonomie.

- ■ *Sicherheit:* Schon kurz nach der Geburt streben wir nach Sicherheit und Anschluss an vertraute Menschen. In den ersten Monaten ist für das Baby die Nähe zu den Eltern, die Geborgenheit und der Schutz vor Gefahr das Wichtigste. Es entsteht Vertrauen und Bindung.

■ *Erregung:* Sobald das Kind krabbeln und laufen kann, will es auf eigenen Beinen seine Umwelt erkunden – es strebt nach Neuem, nach Abwechslung und anderen Menschen. Es ist neugierig, es will Erfahrungen machen und testet aus. Gleichzeitig entfernt es sich immer stärker von seinen Eltern, vor allem von der Bindung zur Mutter. Die Unabhängigkeit, Autonomie, wächst.

■ *Autonomie:* Als erwachsene Menschen gehen wir zwar Bindungen mit anderen Menschen ein. Doch hierbei wollen wir trotzdem das Gefühl haben, unabhängig zu sein, wir wollen selbst entscheiden, uns durchsetzen und Dinge im Griff haben.

Diese drei Grundmotive, die schon in der Kindheit angelegt sind, bestimmen unser ganzes Leben: Sie entscheiden, welchen Beruf wir ergreifen, also ob wir Künstler (Erregung), Controller (Autonomie) oder Krankenpfleger (Sicherheit) werden. Die Stärke der Motive unterscheidet sich zudem in den Geschlechtern, durch das kulturelle Umfeld und im Lebensverlauf. Die Motive bestimmen auch, wie wir denken: Sind wir eher ängstlich, suchen wir Sicherheit, sehen wir genauer hin und beachten Details. Unser Streben nach Autonomie und Überlegenheit führt dazu, dass wir stärker Regeln anwenden und regeln wollen. Unsere Erregung erweitert unseren Handlungsspielraum, indem wir ungewöhnlich und kreativ denken.

Jedes Motivsystem hat eine positive und eine negative Seite: Die gute suchen wir, die negative meiden wir. So steuert uns unser limbisches System durchs Leben und bestimmt auch unsere Begegnungen mit Menschen im Arbeitsleben: Wir suchen Sicherheit, Geborgenheit, Fürsorge vor allem bei nahen Kollegen. Wir suchen Erregung, neue Herausforderungen durch den Wechsel unseres Arbeitsplatzes. Und wir wollen auch Spaß an unserer Arbeit und Freude mit Kollegen. Und wir wollen uns gegenüber anderen durchsetzen, nach oben streben, unser Territorium erweitern, wir wollen Leistung zeigen, Lob ernten, Geltung erlangen und unseren Selbstwert stärken.

	Sicherheit	Erregung	Autonomie
Was wir suchen	Sicherheit, Bindung, Fürsorge	Prickeln, Genuss, Spaß, Spannung	Überlegenheit, Erfolg, Siegesgefühl
Was wir meiden	Unsicherheit, Angst, Isolation	Langeweile	Unterlegenheit, Wut

Tabelle 2: Motivsysteme des Menschen

Hier ein Beispiel von Hans-Georg Häusel, wie das Motivsystem über die Anschaffung einer Maschine entscheidet: Der Geschäftsführer prüft, ob das Unternehmen durch die neue Maschine stärker wird, dem Einkaufsleiter ist der günstigste Preis und das beste Preis-Leistungsverhältnis wichtig. Der Produktionsleiter möchte, dass die Maschine sicher und reibungslos funktioniert. Der Leiter von Forschung und Entwicklung achtet auf den Innovationsgrad. Schon die Entscheidungen für deren Berufe sind aus dem individuellen Motiv-Mix gefallen, so Häusel.

Vor diesem Hintergrund gewinnt die Einschätzung von Menschen eine Wendung: Selbst Menschen, die wir bisher als rational bezeichnet haben, sind vor diesem Hintergrund hoch emotional: Für sie ist wichtig, dass sie die Kontrolle behalten und diszipliniert sind. Hierfür wenden sie die meiste Kraft auf, hierfür haben sie ihr ganzes Leben lang gearbeitet. Controller gelten als rationale Menschen. Sie schreiben uns eine Rechnung über 50 Cent – nicht, weil dies sinnvoll ist, sondern, damit die gesamte Rechnung präzise und lückenlos ist. Sie ist perfekt. Für diese Perfektion arbeiten die Controller nächtelang, sie wälzen Zahlen hin und her, sie sind verzweifelt und fangen immer wieder von vorn an, wenn es hinten beim Ergebnis nicht stimmt. Auch Ingenieure gelten gemeinhin als rationale Menschen. Doch was ist das? Sie beginnen, eine Brücke von den beiden Seiten eines Flusses zu bauen und sie empfinden höchstes Glück, wenn sich beide Brückenteile in der Mitte ohne auch nur einen Zentimeter Abstand treffen. Damit ihnen dies gelingt, studieren sie jahrelang, arbeiten und berechnen monatelang. Sie sehen: Selbst rational geltende Menschen sind hoch emotional. Beide, Verstand und Gefühl, sind auf engste verknüpft (zu diesem Verhältnis siehe ausführlich Kapitel 1.5).

Das Motivsystem zeigt, dass jeder Mensch von seinem ganz eigenen System gesteuert wird und demzufolge auch wir Menschen ganz unterschiedlich bewerten – entscheidend ist, was sie jeweils für uns bedeuten. Das Urteil über einen Menschen hat deshalb oft mit dem Mensch selbst nichts zu tun, sondern mit der Bewertung unserer Beziehung zu ihm. Hat ein Bewerber eine Arbeitsstelle nicht erhalten, liegt dies meist daran, dass er nicht zum Motivsystem der Entscheider gepasst hat.

Wir können andere Menschen anhand ihrer Motive erkennen, von anderen unterscheiden und gut finden: „Diese Führungskraft ist besonders unkonventionell und deshalb gefällt sie mir so gut". Motive, aus denen sich die Werte des Menschen ergeben, ermöglichen uns, sich mit dem Menschen zu identifizieren, weil er die gleichen Werte vertritt, die uns wichtig sind und die wir haben oder gern hätten. Die Werte der Menschen sind eine wichtige Grundlage für unser Vertrauen zu ihnen, denn durch ihre Werte werden die Menschen berechenbar („Dies würde der nie tun, das passt nicht zu ihm"). Und: Wir können durch seine Motive auch auf das künftige Verhalten des Menschen schließen.

Zur Bedeutung der drei Motivsysteme hier noch einige Erläuterungen:

Sicherheit, Geborgenheit, Fürsorge

Der Mensch trägt das Bedürfnis nach Beständigkeit, Stabilität, Sicherheit und Ausgleich in sich. Wir sehnen uns nach Heimat und Tradition, nach Bindung und Fürsorge. Dieser Teil in uns will, dass alles so bleibt, wie es ist. Menschen macht diese Beständigkeit berechenbar und zuverlässig. Würde ein Mensch nur ständig nach Neuem streben, wäre dies zum einen riskant; zum anderen wüsste niemand mehr, wofür der Mensch steht, weil er sich ständig ändert.

Nähe ist wichtig, um Gemeinschaften zu bilden und sich gegenseitig zu unterstützen. Nähe definiert hier den Abstand, den wir zu Menschen im Arbeitsleben haben. Nähe bedeutet, dass die Mitarbeiter ein freundliches Miteinander pflegen, dass die Hierarchie flach ist und dass es wenig Abstand zwischen der Geschäftsleitung und den Mitarbeitern gibt. Man duzt sich und arbeitet ähnlich wie in einer Familie zusammen. Das Gegenteil wäre die Distanz: Hier ist der Abstand zwischen Geschäftsleitung und Mitarbeitern eher groß, es gibt viele Managementebenen, der Umgangsstil ist eher förmlich, man siezt sich und ist eher auf Distanz.

▪ *Werte,* die mit Nähe verbunden sind: Freundschaft, Familie, Fürsorge, Bindung, Herzlichkeit, Geselligkeit, Heimat, Nostalgie, Treue, Sicherheit, Gesundheit, Verlässlichkeit

▪ *Unternehmen,* die das Bedürfnis nach Nähe aufgreifen: Disney, VW, Weleda, dm-Drogeriemarkt, Versicherungen, Finanzprodukte, Pharmaunternehmen, Hersteller von Traditionsmarken

▪ *Marken,* die unser Bedürfnis nach Nähe ansprechen: „Die gibt der Zahnarzt seiner Familie" (Blend-a-med), „Nur Freunden gibt man ein Küsschen" (Ferrero), „Haribo macht Kinder froh" (Haribo), „Ich will so bleiben wie ich bin" (du darfst), „Da weiß man, was man hat" (Persil), „Verlässlichkeit für viele Jahre" (Miele), „The best things in life never change" (Heinz), „Sicherheit ist ein gutes Gefühl" (Kukident)

Typische Aussagen im Arbeitsleben

„Wir sind nahe am Kunden."

„Ich arbeite gern im Team."

„Ich duze mich mit meinen Mitarbeitern."

„Mein Team ist eine kleine Familie."

„Austausch ist wichtig."

„Gemeinsam sind wir stärker."

„Ich bin für meine Mitarbeiter da."

„Mich gibt es schon lang auf dem Markt."

„Ich habe lange Berufserfahrung."

„Ich habe eine grundsolide Ausbildung."

„Ich habe schon für viele Firmen erfolgreich gearbeitet."

„Mit mir gehen Sie auf Nummer sicher."

„Ich sorge für Stabilität."

„Ich vergeude keine Energie."

„Ich werde Ihren Erfolg sichern."

„Viele erfolgreiche Projekte sprechen für meine Beständigkeit"

„Bei mir brauchen Sie sich um nichts mehr zu kümmern."

Erregung

Der Mensch muss sich entwickeln, sonst bleibt er stehen. Wandel, Entwicklung, Entdeckung – jeder Mensch trägt diese Merkmale in sich, jedoch unterschiedlich ausgeprägt. Führungskräfte, mit denen wir Wandel und Entdeckung verbinden, sind zum Beispiel Rolf Fehlbaum von Vitra Möbel und Steve Jobs von Apple.

■ Werte, die mit Wandel, Erregung und Stimulanz verbunden sind: Neugier, Spaß, Kreativität, Individualismus, Abwechslung, Leichtigkeit, Fantasie, Offenheit, Sinnlichkeit, Genuss, Humor

■ Unternehmen, die das Bedürfnis nach Wandel aufgreifen: „Entdecke die Möglichkeiten" (IKEA), „Nichts ist unmöglich" (Toyota)

■ Marken, die unser Bedürfnis nach Wandel und Entdeckung ansprechen: „Red Bull verleiht Flügel" (Red Bull), „Ich gehe meilenweit für eine Camel" (Camel), „Überraschend und unerwartet" (Chanel Chance)

Typische Aussagen im Arbeitsleben

„Ich biete Ihnen immer neue Reize."

„Ich zeige Ihnen Dinge, die Sie so noch nie gesehen haben."

„Ich führe Projekte gern auf eine neue Weise durch."

„Ich breche aus dem Gewohnten aus."

„Ich suche nach Abwechslung."

„Ich vermeide Langeweile."

„Ich sorge dafür, dass wir anders sind als andere."

„Ich entdecke und erforsche die Umwelt des Unternehmens."

Autonomie

Personen, die Autonomie, Distanz und Dominanz verkörpern, zeigen ihre herausragende Leistung, ihre hohe Position, Status und Macht. Diese Menschen wollen sich durchsetzen, nach oben streben, ihr Territorium erweitern. Sie verwenden Marken mit hohem Preis wie Schmuck von Cartier, Uhren von Rolex und Zigarren von Davidoff, sie fahren Edelkarossen und identifizieren sich mit der distanziert-vornehmen englischen Lebensart. Sie versuchen ihre Leistung durch Fitness zu erhalten.

■ Werte, die mit Distanz und Dominanz verbunden sind: Sieg, Kampf, Elite, Macht, Leistung, Durchsetzung, Stolz, Ehre, Status, Ruhm, Freiheit, Ehrgeiz, Effizienz

■ Unternehmen, die das Bedürfnis nach Distanz aufgreifen: Hersteller von Edelautos, Designerkleidung, Produkte, die die Leistung erhöhen

■ Marken, die unser Bedürfnis nach Autonomie ansprechen: „Gegen starke Schmerzen" (Doppel-Spalt), „Geschmack in voller Stärke" (Schwarzer Krauser No. 1), „Weil ich es mir Wert bin" (L'Oreal)

Typische Aussagen im Arbeitsleben

„Ich verschaffe Ihnen uneinholbaren Vorsprung."

„Ich will besser sein als die anderen."

„Ich arbeite sehr hart."

„Macht ist mir wichtig."

„Ich achte auf Statusobjekte."

„Ich zeige gern, was ich habe."

„Ich bin Experte auf meinem Gebiet."

„Menschen gegenüber bewahre ich Abstand."

„Ich kämpfe gern."

„Ich genieße den Sieg über andere ..."

„Ich strebe nach oben."

„Ich möchte mein Territorium erweitern."

„Ich kann Ihnen ein Exklusivrecht einräumen."

Die Dominanz einer Führungskraft ist für ein Unternehmen überlebenswichtig, denn sie sichert die erforderliche Durchsetzungskraft am Markt – es geht unter, wer nicht kämpft und sich nicht durchsetzt. Dominanz erwarten wir von einer Führungskraft, wenn es darum geht, selbst Höchstleistung zu zeigen, uns zur Leistung zu motivieren und sich für die eigenen Interessen und die der Mitarbeitenden einzusetzen. Führungskräften, die diese Distanz und Dominanz nicht besitzen, fehlt eine wichtige Führungsgrundlage. Indem diese Dimension stark in der Persönlichkeit verankert liegt, wird zugleich deutlich, dass sich Durchsetzung als innere Haltung – wenn überhaupt – nur schwer lernen lässt.

Mit der Distanz verbunden ist Autorität, die für das Arbeitsleben eine wichtige Rolle spielt. Der Begriff Autorität wird verwendet für die Eigenschaft von Menschen („Dieser Chef ist sehr autoritär"), aber er bezeichnet auch eine soziale Stellung, einen Status. In diesem Buch soll Autorität für die herausgehobene Stellung einer Person stehen. Der Duden definiert Autorität als „auf Leistung oder Tradition beruhender maßgebender Einfluss einer Person oder Institution und das daraus erwachsende Ansehen". Auch eine einflussreiche, maßgebende Persönlichkeit von hohem „fachlichen Ansehen" ist gemeint. Autorität bedeutet, dass eine Person zwar so ist wie wir – in einem Punkt ist sie aber herausragend. Als Autorität bezeichnen wir einen Experten in der Forschung oder andere Eliten. Zeichen der Autorität sind Titel, die Beweise für die Autorität sind Preise.

Experten gelten als Autoritäten auf ihrem Fachgebiet. Ihre Fachkunde nimmt eine herausragende Bedeutung innerhalb dieser Gruppe ein, sie ist für uns „eine Autorität auf ihrem Gebiet". Richard Sennett beschäftigt sich in seinem Buch mit dem Phänomen Autorität und bemerkt bereits zu Anfang, dass der Mensch ein elementares Bedürfnis nach Autorität hat. Bereits im Kindesalter erwartet er von seinen Eltern Anleitung. Er möchte herausfinden, wo seine Grenzen liegen. Die Eltern stecken mit ihrer Autorität hierbei den Rahmen ab.

Ähnlich wie Macht und Autorität flößt ein kompetenter Mensch anderen Menschen Ehrfurcht ein. Und ähnlich wie Schönheit löst auch sie eine positive Voreingenommenheit aus. Wir finden Menschen, die sich als fähig erweisen und erfolgreich sind, sympathischer als jene, deren Handeln eher selten von Erfolg gekrönt ist, schreibt der Psychologe Zimbardo.

Denken Sie an eine Person, die eine natürliche Autorität ausstrahlt. Die meisten Menschen assoziieren einen Mann. Häufig ist dies mit weiteren positiven Eigenschaften verbunden, wie „ruhig", „bestimmt", „weiß, was er will". Ein Grund ist, dass wir vor allem Männer in Führungspositionen treffen. In unserer Kindheit haben sie die väterliche Autorität erlebt. In mittelständischen Unternehmen finden wir oft den patriarchalisch-väterlichen Führungsstil. Welche Konsequenz hat dies im Arbeitsleben? Auf Stellenanzeigen, in denen eine Person gesucht wird, die „natürliche Führungsautorität" ausstrahlt, bewerben sich vor allem Männer.

2.2 Spannungsfelder der Persönlichkeit

Die Persönlichkeit von Menschen im Arbeitsleben ist geprägt durch das Spannungsfeld von Sicherheit, Erregung und Autonomie. Mit dem Begriff Persönlichkeit bezeichnet Hirnforscher Gerhard Roth die „Kombination von Merkmalen des Temperaments, des Gefühlslebens, des Intellekts und der Art zu handeln, zu kommunizieren und sich zu bewegen. Personen unterscheiden sich gewöhnlich untereinander in der Art dieser Kombination. Zur Persönlichkeit gehören insbesondere die Gewohnheiten, d.h. die Art und Weise, wie sich eine Person gewöhnlich verhält."

Auch unser Handeln ist durch die drei Motive geprägt: Warum ziehen wir eine Person einer anderen vor? Sie bringt uns Ruhe und Beständigkeit (Sicherheit), sie bringt neue Anregungen ins Unternehmen (Erregung), sie verbessert die Zusammenarbeit zwischen den Mitarbeitern (Sicherheit), sie erhöht die Leistung und Effizienz (Autonomie). Der Vorteil des anderen Menschen kann aber auch darin bestehen, genau das zu bieten, was wir gern hätten: Viele suchen händeringend nach Innovationen und Entdeckungen, weil sie das selbst nur schwer erbringen können.

Wie sich die Motive gegenseitig beeinflussen

Mitunter geraten die Wünsche und Erwartungen der Menschen im Arbeitsleben in Spannungsfelder, wie sich dies bei gravierenden Veränderungen in Unternehmen zeigt: Die Unternehmensleitung muss durch schnelle und tief greifende Veränderungen ihren Erfolg am Markt ausbauen (Autonomie); jedoch ist das stärkste Motiv bei den meisten Menschen die Sicherheit, die mit zunehmendem Alter noch wichtiger wird. Deshalb sind wir Menschen eigentlich gegen Veränderungen – zumindest gegen drastische und schnelle. Die meisten Mitarbeiter sind nur dann für Wandel zu gewinnen, wenn sie erst einmal erfahren, was ihnen bleibt, was ihnen auch weiterhin Halt und Orientierung gibt. Erst wenn die Mitarbeiter abschätzen können, auf was sie künftig bauen können, sind sie bereit, sich mit den Veränderungen und ihren Konsequenzen zu beschäftigen.

Im Spannungsfeld der Motive entwickeln sich auch Menschen im Arbeitsleben. Welche Motive sich durchsetzen, können wir am Handeln der Menschen erkennen. Beispiel Sicherheit und Autonomie: Wir entwickeln uns im Spannungsfeld von Bindungen und Unabhängigkeit. Nur durch Nähe und Beziehungen zu anderen Menschen, was diesen wichtig ist und was diese von uns erwarten; nur durch Nähe können wir diesen Menschen erklären, was unsere Ziele sind und warum sich andere für deren Erreichung einsetzen sollen. Studien haben herausgefunden: Je stärker wir uns mit anderen Menschen austauschen, desto besser verstehen wir uns. Die Erklärung hierfür ist, dass wir uns durch Austausch annähern: Wir können unsere Wünsche, Bedürfnisse und Erwartungen erklären, was das gegenseitige Verständnis fördert. Auf der anderen Seite wollen wir auch unsere eigenen Motive befriedigen, unsere eigenen Wünsche verwirklichen. Hierfür müssen wir uns gegen andere durchsetzen. Das Ergebnis dieser Spannung können wir darin erkennen, wie sich die einzelnen Menschen an unserem Arbeitsplatz verhalten, wie kooperativ und solidarisch sie sind, aber auch wie unabhängig sie sein wollen und wie stark sie ihre eigenen Interessen durchsetzen wollen („Das betrifft mich doch nicht, das ist mir egal").

Für die Entwicklung der Persönlichkeit ist auch das Spannungsfeld von Sicherheit und Erregung interessant: Wir erleben andere Menschen als zuverlässig, wenn sie beständig sind und deren Verhalten berechenbar – ein Mensch, der jede Woche völlig anders scheint, irritiert uns und erzeugt ein diffuses Vorstellungsbild in uns. Folge: Wir sind skeptisch, zurückhaltend und unterstützen diesen Menschen weniger, als wenn wir ein klares Bild von ihm hätten (siehe ausführlich Kapitel 8). Jedoch muss sich der Mensch entwickeln, sonst lebt er nur noch in der Vergangenheit – in Gegenwart und Zukunft findet er sich nicht mehr zurecht. Wir erleben den Menschen als „stehen geblieben". Wichtiges Spannungsfeld für die Persönlichkeit ist daher, was konstant bleibt, was sich ändert und wie. Dies ist von Mensch zu Mensch unterschiedlich, je nachdem, was dessen Persönlichkeit kennzeichnet und zu welchem Handeln die Spannung zwischen Sicherheit und Erregung führt. Menschen zeigen uns, was es bei ihnen Neues gibt und in welche Richtung sie sich entwickeln, indem sie eine neue Sprache lernen, indem sie ihr Wissen erweitern und ihre Weiterbildung für die kommenden Jahre sorgfältig planen.

3. Die erste Begegnung: Urteil im Schnellverfahren

Was geschieht in jener Situation in unserem Gehirn, in der wir einem Menschen im Arbeitsleben begegnen? Was sorgt dafür, dass er uns auffällt? Nach welchen Prinzipien wenden wir uns ihm zu? Wie nehmen ihn unsere Augen auf? Wie entsteht das Bild von einem Menschen in unserem Kopf?

3.1 Schritte durch das Tor der Aufmerksamkeit

Haben Sie sich schon einmal gefragt, was geschieht, damit wir einen Menschen wahrnehmen und dass dieser auf uns wirkt? Eine Versammlung. Viele Menschen. In dieser Menge müsste uns ein Mensch auffallen, um auf uns zu wirken, er müsste unseren Blick auf sich ziehen und damit unsere Aufmerksamkeit. „Wer nicht auffällt, wird nicht wahrgenommen und wer nicht wahrgenommen wird, ist ein Nichts", schreibt der Sozialwissenschaftler Wilhelm Heitmeyer von der Universität Bielefeld in der ZEIT, Ausgabe 19/2002. Aber wie werden wir auf Menschen aufmerksam?

Einerseits stehen grundsätzlich die Tore unserer Wahrnehmung sperrangelweit offen, um möglichst neue, interessante Reize aus unserer Umwelt aufzunehmen. Sie haben in Kapitel 1.4 erfahren, dass wir dies unbewusst auf einer Hochleistungsspur von 11 Millionen Bit tun. Hirnforscher Manfred Spitzer schreibt: „Wir nehmen zwar nicht immer alles wahr, aber wir sind nicht in der Lage, unser Wahrnehmungssystem daran zu hindern, immer so viel wie möglich wahrzunehmen." Andererseits können wir nicht überall gleichzeitig hinschauen: Unsere Aufmerksamkeit ist begrenzt, wir können sie nicht endlos verteilen. Unsere Wahrnehmung ist deshalb stark selektiv. Denken Sie etwa daran, wie Sie sich auf ein Gespräch konzentrieren können, obwohl es um Sie herum sehr laut ist. Wie ein Scheinwerfer bewegt sich unsere Aufmerksamkeit. Sie kennen dies vom Besuch einer Messe: Große Messehallen voller Menschen, links ein Messestand, rechts ein Ständer mit Broschüren, geradewegs eine Gruppe von

Menschen im Gespräch. Nur einen geringen Teil der auf uns einprasselnden Informationen nehmen wir bewusst auf, das meiste verarbeiten wir unbewusst, ohne dass wir hiervon etwas mitbekommen.

Der Grund ist, dass es unser Gehirn zu viel Energie kosten würde, während des gesamten Tages bewusst zu überlegen und zu prüfen, wohin wir als nächstes blicken. So übernimmt erst einmal unser energiesparendes Unbewusstes die Regie über unsere Wahrnehmung und unser Handeln: Wir können uns auf das Gespräch mit einem Kollegen sehr konzentrieren, ruft aber eine Kollegin unseren Namen, können wir sofort reagieren, uns umwenden und uns an sie richten. Dies geschieht noch, bevor sich unser bewusstes Denken einschaltet. Erst danach schaltet sich auch unser bewusstes Denken dazu.

Unser Unbewusstes hat die Aufgabe, unsere Umwelt daraufhin zu prüfen, ob es bedeutende Reize gibt, vor allem gefährliche. Daher reagieren wir auf ein bedrohliches Gesicht, selbst wenn wir dieses nur 14 Millisekunden lang sehen, eine Zeit, in der wir das Gesicht nicht bewusst wahrnehmen. Die eingehenden Reize prüft unser Gehirn nach einfachen Mustern: Ist der Reiz interessant oder uninteressant, ist er bedrohlich oder sympathisch? Reize, die in dieses Muster fallen, sind Größe, Form, Farbe und Bewegung: Ist der Mensch besonders groß? Trägt der Menschen Kleidung mit auffallenden Farbe wie rot, gelb, orange? Auch Dynamik weckt unser Interesse, zum Beispiel ein Mensch, der schnell auf uns zukommt. Diese schnelle Reaktion ist erforderlich, um schnellstmöglich den heraneilenden Feind zu erkennen, der uns Böses will. Das überraschende Fazit lautet: Wenden wir uns einem Menschen bewusst und aufmerksam zu, hat dies unser Gehirn bereits unbewusst entschieden.

Hat ein Reiz unsere Aufmerksamkeit geweckt, orientieren wir uns grob, wir schauen erst einmal flüchtig hin, machen uns einen ersten Eindruck und entscheiden, ob wir uns dem Reiz noch stärker zuwenden oder ob wir woandershin schauen. Hat unser Gehirn den Reiz als interessant, sympathisch oder bedrohlich bewertet, orientieren wir uns bewusst in der Zeit von etwa 100 bis 200 Millisekunden, einem Augenaufschlag. Wir fixieren einige Punkte und könnten angeben, an einer Person das Wichtigste erkannt zu haben. Das Ergebnis dieser Orientierung entscheidet, ob wir uns der Person stärker zuwenden.

Menschen können uns in dieser Phase aktivieren, wenn sie uns Schlüsselreize wie einen bedrohlichen Gesichtsausdruck senden oder ein Lächeln. Solche Schlüsselreize wirken auf uns, weil wir deren Bedeutung biologisch oder kulturell gelernt haben (siehe Kapitel 4.2.1).

Wenden wir uns einem Reiz aufmerksam zu, steht dies am Ende einer Reihe von Prozessen des Erkennens, Deutens und Bewertens. Was unsere Aufmerksamkeit auslöst, hängt zum einen mit unserer Persönlichkeit zusammen, die im Zeitverlauf stabil ist; zum anderen hängt unsere Aufmerksamkeit von unserer momentanen Verfassung ab. Fachleute unterscheiden deshalb zwischen „Trait", das englische Wort für Persönlichkeitsmerkmale, und „State", das sind Stimmungen und aktuelle Zustände: Haben wir Hunger, nimmt unsere Wahrnehmung stärker solche Reize wahr, die unseren Hunger stillen könnten, als dies sonst der Fall ist. Suchen wir Unterstützung beim Lösen einer Aufgabe, könnten wir uns in dieser Situation anders orientieren und verhalten als sonst. Lesen Sie ausführlich in Kapitel 2.1, was für uns Menschen grundsätzlich interessant ist und was unser Handeln lenkt.

3.2 Der Mensch als Feuer von Neuronen

Wie gelangt ein Mensch im Arbeitsleben in unseren Kopf? Am Anfang seines Weges in unser Gedächtnis stehen die unterschiedlichsten Informationen, die uns unsere Sinne liefern. Sie sind unsere Kontaktstelle zur Außenwelt: Auge, Ohr, Nase, Zunge, Haut übersetzen die einströmenden Daten von anderen Menschen zunächst in elektrische Signale, sogenannte Aktionspotenziale. Diese Erregung breitet sich entlang der Nervenfasern aus und gelangt in unser Gehirn. Das heißt: Das Innere unseres Kopfes liegt in völligem Dunkel. Was in der Welt draußen vorgeht, erfährt unser Gehirn nur als elektrische Entladungen.

Informationen über unsere Umwelt nehmen wir vor allem über unsere Augen auf: Unser Großhirn hat etwa 60 Prozent seiner Kapazität für die Verarbeitung und Speicherung von visuellen Reizen vorgesehen. Wie kein anderes Organ sind unsere Augen mit dem Gehirn eng verbunden. Einige Experten sind sogar der Ansicht, dass die Augen das Gehirn sensorisch verlängern. Wir lernen weitgehend unter visueller Führung: Kinder lernen nicht nur durch hören sprechen, sondern vor allem auch, indem sie die Mundbewegungen abschauen; kleine Kinder lernen eine Gebärdensprache genau so leicht wie eine akustische Sprache.

Menschen sprechen also unser Sehsystem direkt an. Weitere Sinneseindrücke bearbeitet unser Hirn so, dass sie zum optischen Eindruck passen. In einem Test aßen Studenten dunkel gefärbten Vanillepudding. Auf Befragen antworteten sie, Schokoladenpudding gegessen zu haben. Sie kennen dies auch von Bauchrednern: Die Puppe scheint zu sprechen, denn unsere Augen führen die Regie. Auch im Kino glaubt jeder, die Sprache komme geradewegs von den Schauspielern auf der Leinwand, obwohl die Lautsprecher links und rechts stehen, die uns deren Stimmen liefern. Sind die Informationen unseres Auges nicht zuverlässig genug, übernimmt unser Hörsinn die Führung.

Werfen wir einen Blick in unser Gehirn um zu sehen, wie unser Auge die Reize aufnimmt: Viele Menschen glauben noch immer, dass unser Auge wie eine Kamera funktioniert, die einen Menschen als Abbild auf eine Art Leinwand in unserem Kopf projiziert. Doch: Gibt es Licht im Gehirn? Nein! Und wer würde die Leinwand betrachten und wem melden, was er sieht? Tatsächlich gehen Wissenschaftler heutzutage davon aus, dass es keine alleinige Stelle in unserem Gehirn gibt, an dem das komplette Wahrnehmungsbild eines Menschen entsteht. Die Forschung über das Sehen hat auch hier unsere Erkenntnisse erweitert: Sehen ist kein passiver Vorgang, das Auge kein Fotoapparat. Stattdessen ist das Sehen ein aktiver, höchst komplexer Prozess: Einerseits verarbeitet das Gehirn die auf das Auge eintreffenden physikalischen Reize erst zu Nervenreizen, dann zu Bildmustern. Es vergleicht diese mit Bekanntem und weist ihnen Bedeutungen zu: Dies alles geschieht in Sekundenbruchteilen. Sehen ist also nicht wie das Hineinfallen von Bildern ins Gehirn, sondern ein äußerst konstruktiver, dynamischer und höchst vernetzter Prozess.

Bei dem, was wir sehen, spielt das, was wir schon gelernt haben und über die Welt wissen, die entscheidende Rolle: „Kann ich dies einordnen?", lautet eine der wichtigsten Fragen für das Gehirn. Sie haben in Kapitel 1.3.1 erfahren, welche essenzielle Rolle Erfahrungen für uns, unser Bewerten, Planen und Handeln spielen. Zur Arbeit unseres Gehirns gehört auch das Steuern feinmotorischer Bewegungen durch das visuelle Zentrum des Hirns, wie zum Beispiel das Einschwenken der Augen beim Nahsehen, das Erweitern und Verkleinern der Pupille, um den Lichteinfall zu regeln, und das Beugen der Augenlinse, um den Fokus scharf zu stellen.

Die Außenwelt als elektrischer Reiz

Die physikalischen Reize, die auf unser Auge treffen, wandelt unser Gehirn in elektrische Reize um. Die Netzhaut in unserem Auge funktioniert demnach wie ein Dolmetscher: Sie muss das Licht der Außenwelt in die Sprache des Gehirns übersetzen, in elektrische Impulse. Diese Impulse leitet unser Gehirn in über 30 visuelle Areale unseres Gehirns weiter.

Diese Areale haben unterschiedliche Aufgaben: Ein Areal beschäftigt sich mit dem Sehen von horizontalen Linien, eines mit Farbsehen, eines mit Bewegungssehen und so weiter. Ein Wahrnehmungsbild scheint so zustande zu kommen, dass mehrere Areale durch die eintreffenden Impulse aktiv sind und das Gehirn hieraus ein Gesamtbild errechnet. Fehlende Daten ergänzt es. Eine einzige Stelle, an der ein Bild der Person entsteht, scheint es nicht zu geben. Belege für die verteilten Aufgaben der Areale findet die Forschung dadurch, dass es Menschen gibt, die keine Farben sehen können, obwohl ihre Augen vollständig intakt sind. Andere Menschen können keine Bewegungen, sondern nur Standbilder sehen – sie füllen sich die Kaffeetasse und überqueren eine Straße mithilfe des Hörens.

Etwa 90 Prozent des Bildes eines Menschen scheint so auf der Arbeit unseres Gehirns zu beruhen und nicht auf der Leistung unserer Augen. Erst im Kopf entstehen die Wahrnehmungsbilder, die wir glauben zu sehen: Wir sehen daher vor allem mit dem Gehirn, nicht mit unseren Augen. Die Außenwelt ist ein Konstrukt unseres Gehirns – ebenso jene Menschen, die wir in ihr sehen. Zu den großen Geheimnissen gehört deshalb die Frage, ob wir alle eine einzige Person gleich sehen oder ob jeder von uns ein anderes Bild der Person hat, weil sein Gehirn anders auf die elektrischen Impulse reagiert. Die Außenwelt entsteht nicht selbstverständlich als exaktes Abbild in unserer Innenwelt. Der Wissenschaftsjournalist Bas Kast fasst es am Beispiel eines Steaks nüchtern so zusammen: „ein Steak wird erst zum Steak, das wir sehen, riechen und schmecken können, wenn sich in unserem Hirn ganz bestimmte Zellen erregen... Und die Illusion ist so perfekt, dass wir nicht einmal merken, dass es eine Illusion ist. In Wahrheit aber sind auch wir Gefangene unseres Gehirns. Nie wird es uns gelingen, einen direkten Draht zur Außenwelt herzustellen, um herauszufinden, wie das Steak auf dem Teller wirklich aussieht."

Wir sehen also viel schlechter, als wir glauben, nur merken wir das nicht. Was wir sehen, ist also zunächst nur eine Annahme, eine Hypothese. Unser Gehirn sucht dann nach weiteren Beweisen, ob das, was es als Bedeutung annimmt, auch tatsächlich stimmt – als ob es wüsste, dass es die Außenwelt nicht wirklich originalgetreu abbilden kann. Begegnen wir einem neuen Menschen, übernehmen deshalb unsere Augen zwar die wichtigste Funktion aller Sinne, doch das Gehirn fragt auch alle anderen Systeme ab, ob gespeichertes Wissen über diese Person vorliegt. So kommt es, dass wir eine bekannte Person sehen und uns sofort der Geruch ihres Rasierwassers oder die Stärke ihres Händedrucks einfällt.

3.3 Das Bild vom Menschen als Baukasten

Wenn wir einen Menschen betrachten, dann können wir diesen nicht mit einem Blick von oben bis unten erfassen, sondern unsere Augen müssen sich diese Person erarbeiten. Verfolgen wir, wie das Auge ein Bild verarbeitet, in der

Fachsprache ‚scanning' genannt: Der Blick weilt zuerst auf einem für die Informationsaufnahme wichtigen Punkt, dann springt er ruckartig und sehr schnell zum nächsten Punkt. Dort verweilt es wieder kurz und springt dann weiter. Das Verweilen des Blickes auf einem Punkt wird ‚Fixation' genannt, der schnelle, unregelmäßige Sprung ‚Sakkade'. Was unser Auge tatsächlich sieht, ist aufgrund der vielen Sakkaden ziemlich chaotisch, nämlich Sehfetzen, im Schnitt eine Drittelsekunde lang. Nur während der Fixation nehmen wir Information auf. Dazwischen erfolgen unvermittelte Sprünge von einem Reiz zum nächsten. Während sich unser Auge bewegt, sind wir praktisch blind, also etwa 100.000 Mal am Tag.

Der Grund für dieses Fixieren – Springen – Fixieren ist, dass unser Auge nur im Zentrum des Sehfelds scharf sieht, und zwar eine Fläche, die ungefähr so groß ist wie eine Euro-Münze. Unser Gehirn setzt dann diese Reize zu einem Bild zusammen. Über das Messen unserer Blickbewegungen könnten wir bestimmen, welche Informationen wir fixieren und wie wir gesprungen sind. An dieser Stelle ist noch einmal der Hinweis wichtig, dass die Fixationen nicht das Einzige sind, was wir aufnehmen und verarbeiten; aktuelle Studien zeigen, dass wir auch aus jenen Bereichen Informationen unbewusst aufnehmen, die wir nicht fixiert haben und an die wir uns beim späteren Befragen nicht erinnern können. Diese Erkenntnis stellt die Forschung vor neue Herausforderungen, nämlich jene, Verfahren und Instrumente zu entwickeln, mit denen sich alle Informationen erfassen lassen, die ein Mensch bewusst und vor allem unbewusst aufnimmt. Schauen Sie also einem Kollegen während einer Abteilungssitzung in die Augen, könnten Sie dennoch registrieren, wie andere Kollegen tuscheln, ohne dass Sie sich hinterher daran erinnern könnten.

Interessant zu wissen: Unterschiedliche Gehirne funktionieren bei natürlichen Sinneseindrücken erstaunlich ähnlich, dies haben israelische Forscher herausgefunden. Der Neuroforscher Uri Hasson und seine Kollegen vom israelischen Weizmann Institute of Science setzten ihre Probanden vor den Fernseher, legten eine DVD mit Sergio Leones Westernklassiker „Zwei glorreiche Halunken" ein und registrierten eine halbe Stunde lang die Gehirnaktivitäten der Zuschauer. Ergebnis: Bei extremen Nahaufnahmen von Clint Eastwood stimmten die Augenaktivitäten weitgehend überein. Aber auch bei komplexen Szenen mit vielen Schauspielern zeigten sich kaum Abweichungen bei den Gehirnaktivitäten. Selbst detaillierte Panoramalandschaften ließen ein einheitliches Bild in den Köpfen entstehen, berichtet Hasson im Fachmagazin „Science". Die Übereinstimmung beschränkte sich dabei nicht nur auf die Hör- und Sehzentren: Auch die Regionen im Gehirn, die für die Erkennung von Gesichtern und die Verarbeitung von Außenaufnahmen zuständig sind, tickten im Takt. Fazit: Offensichtlich schauen Menschen selbst bei komplexen Szenen zuerst auf dieselben Gesichter und Objekte – ganz unabhängig von ihrer eigenen Erfahrung. Dabei scheinen Spannung und Emotion eine besonders wichtige Rolle zu spielen: Szenen mit Schießereien oder Explosionen riefen bei den Probanden die höchste Übereinstimmung der Gehirnaktivitäten hervor. Hier zeigt sich das Potenzial starker Bilder, auch und gerade für die internationale Kommunikation: Bilder können unabhängig von Kultur und Sprache dieselben Reaktionen auslösen. Manche Sinneseindrücke verarbeiten Menschen ähnlich.

Sehen und Bewerten

Wir dürfen uns das Sehen eines Menschen nicht allein so vorstellen, dass wir die Informationen aufnehmen, die uns diese Person liefert. Gleichzeitig kommen eigenes Wissen und Erfahrungen ins Spiel, die die aufgenommenen Reize bewerten. Psychologen unterscheiden daher zwei zentrale Wege der Wirkung: Auf dem einen Weg nimmt unser Auge jene Informationen über die Person auf, die diese von sich zeigt, zum Beispiel deren Kleidung und Haarschnitt. Dies ist der Weg von der Person zu uns. Auf dem zweiten Weg projizieren wir unser Vorwissen, unsere Erfahrungen und unsere Erwartungen auf die Person. Dieser Weg verläuft von uns zur Person. Der Mensch in unserem Kopf entsteht demnach aus der Wechselwirkung beider Wege, also den Signalen der Person sowie unserem Vorwissen, das wir an die Person herantragen. Diese Erfahrungen helfen uns enorm, die vielen Menschen schnell zu bewerten, die uns täglich begegnen. Wir können diesen Effekt schon daran sehen, dass uns ein Bild des Porsche-Chefs Ferdinand Wiedeking viele Informationen über dessen Aussehen sendet – ein bekannter Satz lautet daher: Bilder sagen mehr als 1000 Worte. Was diese Reize nur bedingt ausdrücken können, ist die Bedeutung, die diese Person hat. Nur durch unser Vorwissen können wir sagen, wer die Person ist, für welches Unternehmen sie arbeitet, welche Rolle sie dort hat und mit welchen Emotionen wir dies verbinden. Vom Foto allein könnten wir all dies nicht sagen. Beide Wege sind daher wichtig, eine Person im Arbeitsleben zu bewerten: deren Signale und unser Vorwissen sowie die Deutung all dessen.

Wie gelangt dieses Vorwissen über andere Menschen in unseren Kopf? Ein Teil des Wissens ist angeboren, ein Teil ist gelernt. Angeboren ist unsere starke Reaktion auf Gesichter, die schon Babys zeigen, so Studien: Schon das Baby weiß, wie ein Gesicht aussieht und es kann Gesichter mühelos von anderen Reizen unterscheiden. Diese angeborenen Schemata vereinfachen dem Neugeborenen die Orientierung in der Welt. Im Lauf seiner Entwicklung kommen viele gelernte Muster beziehungsweise Stereotype hinzu (siehe hierzu Kapitel 1.2): So erkennen und erinnern wir Gesichter unserer eigenen Rasse viel besser als Gesichter von Menschen anderer Rassen – Asiaten können wir deutlich schlechter unterscheiden als Europäer. Anders formuliert: Was wir nicht kennen, können wir nicht sehen. Ob biologisch vorgegeben oder erlernt: Der Mensch bringt beim Betrachten von anderen Menschen sein Vorwissen mit, das Bild entsteht erst in unserem Kopf.

Das Ergebnis der Wahrnehmungsbilder von Menschen im Arbeitsleben sind Gedächtnisbilder, auch innere Bilder oder ‚mental images' genannt, die spontan vor unserem inneren Auge entstehen, wenn wir an eine Person denken (siehe ausführlich Kapitel 8.2). Solche inneren Bilder wirken besonders stark auf unsere Meinungen, Einstellungen, Überzeugungen und Verhaltensabsichten. Gerhard Schröder behalten wir in Erinnerung als Kanzler, der mit Gummistiefeln im Hochwasser watete und mit Betroffenen sprach. Der Deutsche Bank-Chef Josef Ackermann hat sich mit seinem Victory-Zeichen aus dem Gerichtssaal in unserem Gedächtnis verankert. Solche inneren Bilder wirken sich besonders stark auf unser Verhalten anderen Menschen gegenüber aus – stärker als das allgemeine Vorstellungsbild von einer Person. Dies geht laut neuerer Hirnforschungen so weit, dass die Vorstellung von einem Gesicht dieselben Hirnareale aktiviert, die beim Sehen dieses Gesichts aktiv sind.

Wie geht es jetzt weiter? Unser Gehirn erarbeitet sich zunächst das Bild der Person. Zeitgleich damit verbunden sind unterschiedlichste Einordnungen und Bewertungen. Peng: In Sekundenschnelle bilden wir uns ein Urteil über einen neuen Menschen. Dies ist wichtig, um Freund und Feind zu unterscheiden. Welche Informationen liefern uns andere Menschen, anhand deren diese Prozesse ablaufen? Dies erfahren Sie im nächsten Kapitel.

4. Bewertungsanker für das Gehirn

Jeder Mensch ist einzigartig. Jeder hat seine Eltern, seine Erziehung, seine Ausbildung, seinen Beruf und seine Privatinteressen, er verfügt über einzigartige Erfahrungen, die auf einzigartige Weise mit Emotionen gekoppelt sind. Kein Mensch gleicht dem anderen. Selbst Zwillinge unterscheiden sich. Darf ich Ihnen etwas verraten? Für unser Gehirn und die Wirkung von Menschen im Arbeitsleben auf uns spielt dies erst einmal keine Rolle.

Wir sind so angelegt, dass wir andere Menschen blitzschnell beurteilen – wenn auch nur grob. Wie könnte dies auch anders sein: Wir wären hoffnungslos überfordert, wenn wir alle Menschen, denen wir im Lauf eines Tages oder gar eines Jahres begegnen, gründlich und differenziert bewerten.

Wie erstaunlich unser Gehirn beim schnellen Bewerten arbeitet, zeigt das Experiment der Psychologin Nalini Ambady von der Universität Harvard: Sie spielte Studierenden drei Videoclips eines Professors ohne Ton vor. In nur 10 Sekunden konnten diese Studierenden über den Professor urteilen. Als Ambady die Clips auf fünf Sekunden kürzte, blieben die Ergebnisse dieselben. Zwei Sekunden – und wieder fast das gleiche Ergebnis. Damit nicht genug: Ambady verglich das Urteil der Testpersonen über die Clips mit jenen Bewertungen, die die Studierenden des Professors am Ende des Semesters ausgefüllt hatten. Sie ahnen es: Die Bewertungen stimmten auch hier fast überein. Das bedeutet, dass eine Person, die nur zwei Sekunden lang das Video einer anderen Person gesehen hat, diese genau so bewertet wie Menschen, die diese Person über einen viel längeren Zeitraum kennen lernten.

Beim Erkennen, Einordnen und Bewerten orientieren wir uns an Schlüsselinformationen der Person. Von diesen einzelnen, zentralen Reizen und Eigenschaften schließen wir auf die gesamte Person. Aber wie hat sich unser Gehirn eingerichtet, damit es sich sein Urteil in der Zeit eines Wimpernschlags bilden kann? Welche Informationen helfen uns dabei, eine andere Person im Arbeitsleben zu bewerten: Sein Aussehen? Seine Körperhaltung? Seine Bewegungen? Was liefert uns die Informationen, die wir hierfür brauchen? Die äußere Erscheinung ist die erste Informationsquelle in der Begegnung mit einem neuen Menschen. Zu den Körpermerkmalen zählen Körperbau und Hautfarbe, Merkmale also, die nur sehr bedingt bis gar nicht änderbar sind. Zu den gestaltbaren

Merkmalen des Äußeren gehören Kleidung, Frisur, Schmuck. Wir haben bereits gesehen, dass wir die Zeit eines Augenaufschlags brauchen, um uns den ersten Eindruck zu verschaffen und das Gesicht unseres Gegenübers zu bewerten; dies erfolgt also zunächst sehr oberflächlich. Einer der zentralen Merkmale, die wir für das erste Prüfen und Bewerten heranziehen, ist die Attraktivität der Person.

4.1 Superdimension Attraktivität

Wer attraktiv ist, hat bessere Chancen. Was wir schon immer geahnt haben, hat die Wissenschaft in vielen Studien bestätigt: Bei der Beurteilung anderer Menschen lassen wir uns von kaum etwas so stark leiten wie von deren Attraktivität. Nicht, dass diese uns allein leitet – später spielen für uns weitere Eigenschaften eine Rolle, der Charakter der Person, ihre Persönlichkeit und ihre Intelligenz. Doch am Anfang dominiert das Äußere. Schönheitsforscher Frank Naumann schreibt: „Schönheit fällt sofort auf, ein guter Charakter erst nach längerem Kontakt. Was von beiden setzt sich wohl schneller durch?" Attraktivität hat also zunächst einmal den Vorteil, dass wir sie mit einem Augenblinzeln erkennen und eindeutig bewerten können. Mit den inneren Werten ist dies weitaus schwieriger und dauert länger: Ist die Person nett, klug, gefühlvoll – auf den ersten Blick ist dies nicht zu erkennen. Attraktivität ist also gerade deshalb so machtvoll, weil sie so schnell und flüchtig wirkt, schreibt der Berliner Wissenschaftsjournalist Bas Kast in seinem Buch über die Liebe. Die Zeit eines Wimpernschlags reicht.

Wir sehen nicht nur die Attraktivität, sondern wir interpretieren sie und schließen von ihr auf weitere Eigenschaften der Person. Ein Phänomen tritt hierbei sehr deutlich zutage: „Wer schön ist, ist gut." Attraktiven Menschen schreiben wir eine wahre Flut von positiven Eigenschaften über deren Intelligenz, Charakter und Fachkompetenz zu. Die Forschung nennt dies das „Stereotyp der physischen Attraktivität" (zum Begriff der Stereotypen siehe Kapitel 1.2). Studien zufolge sind attraktive Menschen wärmer, sensibler, freundlicher, entgegenkommender, interessanter, stärker, ausgeglichener, bescheidener, geselliger, fähiger, sie haben einen besseren Charakter, verfügen über mehr Prestige, bekommen bessere Arbeitsstellen. Attraktive Personen gelten als vielschichtiger, aufnahmefähiger, umsichtiger, zuversichtlicher, selbstsicherer, glücklicher, aktiver, kooperativer, freimütiger, humorvoller, selbstbeherrschter und flexibler. Attraktivitätsexperte Frank Naumann fasst in seinem Buch zusammen: „Schöne Menschen haben mehr vom Leben": „Wir loben Familie, Liebe, Intelligenz, Reife, Fleiß und selbstloses Handeln. In Wahrheit faszinieren uns aber Anmut, Stärke, Jugend, Statussymbole, lange blonde Haare, elegante Schuhe und ein bezauberndes Lächeln – kurz: der schöne Schein." Doch Attraktivität hat auch ihre Schattenseiten: Attraktive gelten eher als wenig bescheiden, als eitel und arrogant. Hinderlich kann Attraktivität sein, wenn es darum geht, jemand um Hilfe zu bitten: Hier sind wir zurückhaltender bei attraktiven Menschen.

„Wie kommt es, dass wir gutem Aussehenden so übereinstimmend positive Eigenschaften zuschreiben?", fragt Schönheitsexperte Hassebrauck. „Schon in unserer Kindheit erfahren wir, dass Charakter und Aussehen Hand in Hand gehen. Schneewittchen und Aschenputtel sind schön und gut, die Hexe und die Stiefmutter sind hässlich und böse. Das gute Mädchen, das bei Frau Holle geduldig seinen Dienst tut, wird mit Gold überschüttet – und ist schön, die faule Stiefschwester mit Pech übergossen – und ist hässlich. Diese Beispiele aus der Märchenwelt ließen sich beliebig fortsetzen, und es ist nicht verwunderlich, wenn ein kleines Mädchen folgendermaßen versucht zu erklären, was es bedeutet, hübsch zu sein: „Es ist, wie wenn man eine Prinzessin ist. Alle lieben dich."

Schauen wir uns einige Studien zur Attraktivitätsforschung an: Zu den Pionieren gehören Karen Dion, Ellen Berscheid und Elaine Walster. Ihre Studie „Was schön ist, ist gut" aus dem Jahr 1972 hat Geschichte geschrieben: Sie legten 60 Studenten Bilder von Menschen vor und baten sie, ihren Eindruck zu schildern. Ergebnis: Den Attraktiven schrieben die Testpersonen mehr Fähigkeiten und bessere Charaktereigenschaften zu – und dies unabhängig vom Geschlecht der Testpersonen und der gezeigten Person. Die Forscherinnen gaben diesem Prinzip den Namen ‚Halo-Effekt'; dies bedeutet, dass wir aufgrund einer Eigenschaft des Menschen auf andere schließen. „Halo" bezeichnet laut Übersetzung aus der englischen Sprache einen Glorienschein. Forscher verwenden auch den Begriff Attraktivitätsstereotyp und meinen damit, dass wir uns aufgrund der Attraktivität unseres Gegenübers ein Bild von der gesamten Person machen (zum Begriff Stereotyp siehe auch Kapitel 1.2). Würden wir die Testpersonen fragen, wie sie zu ihrem Urteil von der Person kommen, könnten wir nach heutigen Forschungsergebnissen davon auszugehen, dass sie dies nicht bewusst angeben können, obwohl sie Gründe nennen (die Erklärung hierfür haben Sie in Kapitel 1.4 kennen gelernt).

Verabschieden wir uns also von unserer Meinung, einem neuen Menschen im Arbeitsleben vorurteilsfrei und neutral zu begegnen. Verabschieden wir uns auch davon, die Wirkung von Menschen auf uns tatsächlich zu kennen, weil unbewusste und emotionale Prozesse hierbei die entscheidende Rolle spielen (siehe ausführlich Kapitel 1). Schönheitsforscher Ulrich Renz schreibt: „Im Bannkreis der Schönheit werfen wir Vernunft, Kritikfähigkeit und Menschenkenntnis mit einem Jubelschrei über Bord. Schönheit täuscht, und wir lassen uns täuschen. Nicht auf Herzensgüte, Charakterstärke, Treue oder Originalität bauen wir unser Urteil über unsere Mitmenschen, sondern allzu oft auf die bloße Verpackung drum herum, die alleräußerlichste aller Äußerlichkeiten, von der wir nicht einmal benennen können, was ihren Reiz eigentlich ausmacht, und die uns trotzdem mit der Macht einer Naturgewalt anzieht."

Viele weitere Studien kommen seit den 80er Jahren bis heute zum ähnlichen Ergebnis: Attraktive halten wir für körperlich und psychisch gesünder, für glücklicher, selbstsicherer, liebenswürdiger, durchsetzungsfähiger und in jeder Hinsicht kompetenter. Gegenüber weniger Attraktiven gelten sie sogar als wesentlich intelligenter. Attraktive Menschen scheinen das Gute schlechthin zu sein.

Interessant ist, dass wir uns attraktiven Menschen gegenüber positiver verhalten als weniger attraktiven. Die Entwicklungspsychologin Judith Langlois von der University of Texas hat über 900 Studien ausgewertet. Ergebnis: Attraktive Kinder und Erwachsene wurden positiver beurteilt als unattraktive Kinder und Erwachsene. Attraktive Kinder und Erwachsene werden positiver behandelt als unattraktive Kinder und Erwachsene. Hierdurch bestärken wir selbst den Effekt, dass schöne Menschen gut sind, hierzu gleich mehr.

Der Bonus durch Attraktivität durchzieht das gesamte Leben: Schon das attraktive Baby erhält mehr Aufmerksamkeit und Zuwendung von seiner Mutter und vom Pflegepersonal. Dies zeigt zum Beispiel die Studie von Judith Langlois, die 144 Mütter mit ihren Erstgeborenen beobachtet hat: Hübsche Babys gelten als problemlos für die Eltern, als schlauer und liebenswürdiger. Sind hübsche Kinder unartig, fallen die Strafen milder aus als für andere. Störendes Verhalten entschuldigen Testpersonen bei attraktiven Kindern eher als bei unattraktiven. In der Schule bewerten die Lehrer die Leistung von attraktiven Schülern positiver. In einem Experiment im Jahr 1973 legten Forscher 400 Lehrern Zeugnisse von Fünftklässlern vor, die auch deren Fehlzeiten und Sozialverhalten enthielten. Auf dieser Grundlage sollten die Lehrer eine Prognose über die Kinder erstellen. Den Zeugnissen legten die Forscher einmal ein attraktiveres Foto bei, ein anderes Mal ein weniger attraktives. Den Attraktiven prophezeiten die Lehrer eine bessere Zukunft. Attraktive Patienten erhalten im Krankenhaus mehr Aufmerksamkeit vom Arzt, gut aussehende Einbrecher können vor Gericht mit einer milderen Strafe rechnen.

Schönheit im Beruf bringt weiter

„Na ja, dies mag ja für das normale Leben zutreffen", werden Sie jetzt vielleicht sagen, „aber im Berufsleben geht es doch um Arbeit und Leistung." Spielt also Attraktivität auch im Arbeitsleben eine Rolle? Ja! Denken Sie nur an die vielen tausend Bewerbungen, die täglich unterwegs sind: Informationen über Schulbildung und Berufserfahrung durchläuft energiereich und aufwändig unsere bewusste, kritische Prüfung; doch auf dem beiliegenden Foto können wir blitzschnell den Bewerber erkennen und einordnen. Die Attraktivität der Person ist hierbei Schlüsselsignal: Attraktivere Bewerber haben bessere Chancen, zeigen Forschungsstudien. Über 90 Prozent der 1.300 Personalchefs gaben in der Studie der US-amerikanischen Universität Syracuse an, dass attraktive Stellenbewerber eher den Zuschlag erhalten und leichter Karriere machen.

Attraktive Menschen verdienen mehr. Um diesen Zusammenhang zu bestätigen, teilten die beiden Schönheitsforscher Markus Möbius und Tanya Rosenblat ihre Studenten in zwei Gruppen ein, Arbeitnehmer und Arbeitgeber. Die Arbeitnehmer hatten am Computer eine Aufgabe zu lösen, die Runde für Runde schwieriger wurde. Je nach Leistung wurden ihnen Punkte gutgeschrieben. Nach jeder Runde standen Gehaltsverhandlungen an. Der Arbeitgeber gab hierbei aufgrund der Bewerbungsunterlagen ein Gehaltsangebot an, in das die bisherige Leistung und die Erwartung an die nächste Runde einflossen. Ein Teil der Arbeitgeber erhielt nur Schriftstücke, ein anderer Teil ein Foto des Kandidaten, ein weiterer Teil verhandelte am Telefon oder persönlich. Ergebnis: Trotz gleicher Fähigkeiten schnitten die Attraktiven beim Gehalt besser ab. Die Gründe waren zum einen, dass den Attraktiven mehr zugetraut wurde; zum anderen schienen die attraktiven Arbeitnehmer mehr Selbstvertrauen und bessere Kommunikationsfähigkeiten zu besitzen, die ihnen bei den Gehaltsverhandlungen nutzten.

Attraktive erhalten fünf bis zehn Prozent mehr Gehalt als gleich qualifizierte Kollegen, die als weniger attraktiv gelten: Daniel Hamermesh von der University of Texas und Jeff Biddle von der Michigan State University fanden heraus, dass das attraktivste Drittel etwa fünf Prozent mehr verdiente als der Durchschnitt. Die Unattraktiven verdienten fünf bis zehn Prozent weniger. Andere Studien bestätigten grundsätzlich dieses Ergebnis und kamen sogar auf Gehaltsunterschiede von bis zu zehn Prozent. In Zahlen bedeutet dies, dass die Attraktiven rund 100 Milliarden Dollar mehr ausgeben können als die Unattraktiveren.

Im Berufsleben gelten Attraktive als fachkundiger und intelligenter. Sie kommen besser an bei Kollegen, Chefs und Kunden. Hamermesh hat in seiner Studie bei holländischen Werbeagenturen gezeigt, dass Firmen mit gut aussehender Führungsmannschaft höhere Umsätze erzielten. Eine andere Studie zeigte, dass die Rücklaufquote von Fragebogenaktionen und Kundenbefragungen steigt, je attraktiver die gezeigte Marketingleiterin ist. Je attraktiver der Verkäufer in einer Verkaufssimulation war, desto eher kauften die Kunden. Die Praxis zeigt: Attraktive Vertreter erzielen mehr Umsatz als weniger attraktive.

Die beiden Kommunikationsexperten Manfred Piwinger und Lars Rosumek
haben einen Beitrag geschrieben mit dem Titel „Attraktivität als kommunikativer Werttreiber. Auch Kommunikation braucht Sex-Appeal": Sie gehen davon
aus, dass persönliche Attraktivität Karrierefaktor ist. Sie schreiben: „Der ‚Re-
turn-on-Investment' ist hierbei das, was wir uns als Nutzen erhoffen: Eine bessere Stellung, ein zugeschriebenes Expertentum, erstklassige Beziehungen,
Privilegien, Macht und Einfluss. Persönliche Attraktivität kann den Ausschlag
für Einstellungen, Beförderungen oder Gehaltserhöhungen geben. Ob Person
oder Organisation: Eine attraktive Ausstrahlung kann für einen höheren Good-
will der Kommunikationspartner sorgen und wie andere Merkmale des Anse-
hens in kritischen Situationen vor unangemessener Kritik schützen."

Attraktive Personen werden von den meisten Menschen beim ersten Eindruck
positiver bewertet – sei es bei Behördengängen, in Bewerbungsgesprächen oder
im Small Talk. Die positive Beurteilung fällt besonders deutlich bei sozial er-
wünschten Merkmalen wie Höflichkeit, Intelligenz, Kompetenz aus. Gut aussehende Menschen scheinen tüchtiger, sympathischer und glücklicher zu sein und
einfach einen anständigen Charakter zu besitzen. Attraktiven Menschen vertrauen
wir eher ein Geheimnis an – Attraktivität besitzt offenbar ein Vertrauenskapital.

Hielten 1986 nur 5 Prozent der in einer Studie befragten Manager physische
Attraktivität für entscheidend, waren es 1998 schon 22 Prozent. Welche Konse-
quenzen gutes Aussehen im Arbeitsleben hat, zeigt das Interview mit dem
Schönheitschirurgen Prof. Mang, der in der Sat1-Sendung ‚Weck up' erzählte,
dass immer mehr Manager zu ihm kommen; schon jeder fünfte Patient sei ein
Mann.

Lediglich bei der Bewerbung von Frauen für Führungspositionen scheint Attraktivität hinderlich sein zu können, weil dies offensichtlich mit dem Stereotyp:
„Schön, aber nicht kompetent" kollidiert. In der Studie der Mannheimer Sozio-
login Anke von Rennenkampff wurden besonders weiblich und attraktiv wir-
kende Bewerberinnen häufiger ins Kreuzverhör genommen. Für Frauen wirkt
sich auch Fettleibigkeit negativer auf die Karriere aus als für Männer.

Schätzen wir einen Menschen im Arbeitsleben als attraktiv und sympathisch ein,
wirkt sich dieser erste Eindruck auf die weitere Kommunikation aus: Zu Personen, die uns sympathischer sind, sind wir freundlicher, wobei diese die Freundlichkeit meist erwidern, dies zeigte die US-amerikanische Beziehungsexpertin
Ellen Berscheid in einem Experiment: Berscheid ließ Männer zehn Minuten
lang mit einer Unbekannten telefonieren. Vor dem Telefonat sahen die Testpersonen ein Foto der Gesprächspartnerin – zumindest dachten sie dies. Die Hälfte
der Versuchsgruppe erhielt das Foto einer attraktiven Frau, die andere Hälfte
das Foto einer weniger attraktiven. Nach ihrem ersten Eindruck gefragt, erwarte-

ten die Männer in der Attraktiven eine humorvolle, ausgeglichene und sozial kompetente Gesprächspartnerin, die anderen bewerteten die eher Unattraktive als ungesellig, ernst und ungeschickt. Die schon bekannte These bestätigte sich, dass Attraktivität zu einer positiveren Bewertung führt. Im nächsten Schritt sollten die Männer tatsächlich mit der Frau auf dem Foto telefonieren. Was die Testpersonen nicht wussten: Die Gesprächspartnerinnen waren Studentinnen der Universität, die zufällig ausgewählt waren. Diese Studentinnen wiederum wussten nichts von den Fotos. Rasch zeigte sich: Die Gespräche verliefen unterschiedlich – je nachdem, ob die Männer glaubten, mit der Schönen oder weniger Schönen zu telefonieren. Die attraktiven Frauen wurden als lebhaft, selbstsicher und sozial kompetent eingestuft. Die angeblich unattraktiven Damen hielten die Zuhörer eher für zurückgezogen, unsicher und ungeschickt. Dies war zu erwarten. Die neue Erkenntnis brachte dann die Auswertung der Telefoninterviews: Glaubten die Männer, ihre Telefonpartnerin sei schön und humorvoll, scherzten sie, waren gut gelaunt. Die Frau wiederum reagierte mit Humor. Meinten die Männer, eine unattraktive Partnerin in der Leitung zu haben, sprachen die Männer eher über seriöse Themen; dies ließ auch ihre Gesprächspartnerinnen ernst werden. Die Annahmen der Männer erfüllte sich so von selbst: Attraktive Menschen sind positiver und unterhaltsamer. Die Frauen wurden zu dem, was sich die Männer von ihnen erwarteten. Attraktive Menschen gelten als gut – und hierdurch werden sie gut.

Kriterien für Attraktivität

Die Attraktivität einer Person bestimmt maßgeblich unser Urteil über diese Person. Aber: Was ist attraktiv? Attraktivität umfasst zum einen die ursprünglich unveränderbare körperliche Attraktivität („physical attractiveness") – deren Einschätzung ist kulturübergreifend, sie gilt rund um den Erdball; zum anderen ist Attraktivität kulturspezifisch durch zeitgebundene, inszenierte Merkmale wie Mode, Haarschnitte und Kosmetik. Schönheitsforscher Ulrich Renz unterscheidet somit „natürliche Schönheit, also die Schönheit des Körpers, wie Gott ihn erschaffen hat bzw. in den wir am Ende der Pubertät hineingewachsen sind, und das Gesamtkunstwerk, das wir tagtäglich aus diesem Körper machen, um dem Diktat der Mode Genüge zu tun... Der Mensch ist in Sachen Schönheit Naturprodukt und Kunstwerk zugleich. Aber obwohl die beiden Komponenten der Schönheit so grundverschieden sind, können wir sie in aller Regel nicht auseinanderdividieren. Was wir wahrnehmen, ist Schönheit, nicht natürliche oder modische Schönheit. Beides geht ineinander über und ergänzt sich – oder widerspricht sich." Auf die Bedeutung von Mode und gestaltbaren Merkmalen der Person geht 4.8 ausführlich ein.

Was als physisch attraktiv gilt

Erkenntnisse der Wissenschaft zeigen: Quer durch alle Schichten der Gesellschaft, durch alle Kulturen und Kontinente, unabhängig von Alter, Beruf oder Geschlecht – überall werden dieselben Kennzeichen als attraktiv wahrgenommen. Ulrich Renz fasst die Kriterien der aktuellen Attraktivitätsforschung zusammen:

- *Durchschnittlichkeit,* nach dem Prinzip: „Je durchschnittlicher, desto schöner." Ulrich Renz: „die These, dass Durchschnittlichkeit schön macht, (ist) wissenschaftlich so gut abgesichert, dass man sie mit Fug und Recht als den ersten Hauptsatz der Schönheitsforschung bezeichnen kann."

- *Symmetrie:* Ebenmäßige Gesichtszüge und wohl proportionierte, übereinstimmende Rechts-Links-Gestalten schneiden in Tests besonders gut ab. Frauen bewerteten die Stimmen von Männern positiver, je symmetrischer deren Gesichtszüge waren. Größere Abweichungen beeinflussen die wahrgenommene Attraktivität eines Gesichts negativ. Eine Erklärung, der die Forscher derzeit nachgehen, könnte sein, dass unsere Wahrnehmung besser auf symmetrische Strukturen anspricht: Wir lernen symmetrische Muster schneller. Ein aktuelles Experiment zeigt, dass Symmetrie offenbar das Wahrnehmen erleichtert.

- *Kindchen-Schema und Aspekte der Reife:* Frauen gelten als attraktiv, wenn zum einen die untere Gesichtshälfte eher kindliche Proportionen aufweist und das Gesicht große Augen hat; zum anderen wirken Reifezeichen im oberen Gesichtsteil attraktiv, vor allem hervortretende Wangenknochen und schmale Wangen. Bei den Männern scheinen hervorstehende Wangenknochen eine wichtige Rolle zu spielen. Die positive Bewertung dieser Attribute, zum Beispiel die Wirkung des Kindchen-Schemas, scheint angeboren zu sein.

- *Makellose Haut:* sie gilt als Zeichen von Jugendlichkeit

Welche Bedeutung spielen die einzelnen Aspekte für die wahrgenommene Attraktivität eines Menschen? Attraktivität scheint nicht durch die Einzelteile allein zu entstehen – Augen, Nase und Mund —, sondern durch deren Zusammenspiel als Ganzes, als Gestalt. Ulrich Renz: „Keine der Zutaten ist obligat. Und keine ist ausreichend. Eher handelt es sich um Bausteine für das Spiel der Natur, die aber jede Schönheit nach einem anderen Plan baut. Dem einen Gesicht tut eine größere Nase gut, dem anderen schadet sie. Auch wenn es universale ästhetische Prinzipien gibt, können schöne Menschen doch grundverschieden aussehen." Dies sieht auch Georg Felser so, der sich seit vielen Jahren mit den Erklärungen für Beziehungen und Attraktivität beschäftigt: „Eigenschaften wie Gesichtsausdruck, Form des Mundes, Blick, Pupillengröße, Länge des Blickkontakts, Position der Augenbrauen und so weiter weisen zwar Zusammenhänge mit der Wahrnehmung der physischen Attraktivität auf. Es ist aber problematisch, diese Einzelelemente über eine Formel zu verbinden und daraus vorherzusagen, wie attraktiv eine Person von anderen eingeschätzt wird. Hier – wie in vielen anderen Bereichen der Wahrnehmung – gilt wohl in der Gestaltpsychologie: „das Ganze ist mehr als die Summe seiner Teile".

Was uns an einem Menschen anzieht, ist mehr als sein bloßes Aussehen: Mindestens genauso tragen Haltung, Gestik, Mimik, Stimme, Geruch, Lebendigkeit, Witz, Mitgefühl, Intelligenz zur Anziehungskraft eines Menschen bei. Ulrich Renz: „Manche Schönheit verflüchtigt sich in dem Moment, wo der oder die Schöne den Mund aufmacht." Vor allem eines fehlt in der Schönheitsliste: das Geheimnis … „Wunderschön ist Schönheit erst, wenn sie ein Geheimnis verbirgt – irgendeine Brechung, eine Abweichung von der allzu perfekten Form, eine Merkwürdigkeit, die den Betrachter zu einem zweiten und dritten und immer wieder neuen Blick zwingt. Schönheit muss ‚reizen'. Deshalb kann es auch vorkommen, dass eine Schönheit, wenn man genau hinschaut, Teile enthält, die für sich genommen einen Makel darstellen..." Berühmte Beispiele hierfür sind das Muttermal im Gesicht des ehemaligen Supermodells Cindy Crawford und der abgebrochene Schneidezahn der Schauspielerin Isabella Rossellini.

Futter für unser Belohnungssystem

Zu den spannenden Erkenntnissen der Neurowissenschaften gehört: Der Anblick von anderen Menschen kann Glücksareale in unserem Kopf aktivieren und zugleich die Erregung in unserem rechten Stirnhirn drosseln, die mit negativen Gefühlen einhergehen. Studien zeigen, wie sich speziell die Attraktivität unseres Gegenübers auf unsere Körpervorgänge auswirkt: So ist unser Belohnungssystem aktiv, wenn wir einer attraktiven Person in die Augen blicken. Hierbei spielt es keine Rolle, ob es sich um einen Mann oder eine Frau handelt: Generell zieht uns Attraktivität an und belohnt uns durch die Ausschüttung von Glückshormonen unseres Belohnungssystems (das Belohnungssystem stellt Kapitel 1.3 vor).

Aktuelle Studien von Knut Kampe, University College of London, zeigen, dass der Blick in die Augen einer attraktiven Person unser Belohnungssystem aktiviert. Das Belohnungssystem wurde umso aktiver, je attraktiver die Abgebildeten waren – allerdings nur unter der Voraussetzung, dass der Abgebildete den Betrachter direkt anschaute. Dies deckt sich mit Ergebnissen von Studien der Attraktivitätsforschung, nach denen nicht allein die Attraktivität einer Person entscheidend ist, sondern auch, dass diese Person Interesse an uns zeigt. Schönheit und Interesse gehören offenbar zusammen, um eine Wirkung in uns zu entfalten. Der Berliner Wissenschaftsjournalist Bas Kast schreibt: „Wenn uns jemand fühlen lässt, dass er uns beachtet, dass er uns gern hat, dass wir etwas Besonderes für ihn sind, gehört dies zu den stärksten Aphrodisiaka, die er für uns einsetzen kann." Blickt die attraktive Person am Betrachter vorbei, ist das Belohnungssystem gebremst – auch wenn die Gesichter noch so schön sind. Dieser Effekt tritt unabhängig vom Geschlecht auf – Frauen genießen den Anblick von anderen schönen Frauen genauso wie von schönen Männern. Blickt die attraktive Person an uns vorbei, bremst dies die Aktivierung unseres Belohnungssystems. Die Natur scheint uns zu belohnen, dass uns schöne Menschen anschauen. Was war im Fall von unattraktiven Gesichtern? Schaut die Person am Betrachter vorbei, reagiert das Belohnungssystem, so als ob es den Betrachter belohnen wolle, dass ihn die als unattraktiv eingeschätzte Person nicht anblickt. Knut Kampe kommentiert: „Wir taxieren Menschen daraufhin, welche Belohnung wir von ihnen erwarten können." Das Fazit des Londoner Tests könnte lauten, dass unser Gehirn Schönheit nicht an sich belohnt, sondern nur in Verbindung mit dem Interesse der attraktiven Person und der Aussicht auf eine soziale Beziehung.

In einem weiteren Test der Londoner Gruppe zeigte sich dann, dass das Lächeln der attraktiven Person die Aktivierung des Belohnungssystems noch einmal steigern konnte. Die britischen Forscher Andreas Bartels und Semir Zeki vom University College in London beobachteten mit einem Hirnscanner, was geschieht, während es den Anblick von Schönheit genießt. Ergebnis: Zum einen stieg die Aktivität im Belohnungssystem an; zum anderen hörten jene Bereiche auf zu arbeiten, mit denen wir Mitmenschen kritisch unter die Lupe nehmen. Nur die angenehmen Gefühle der Bewunderung bleiben wach. Attraktivität ist also nicht allein sexuell begründet, sondern sie liegt unseren Sozialkontakten zugrunde. Dies müsste angesichts der schon dargestellten Ergebnisse deutlich geworden sein, lässt sich durch die Ergebnisse auch neuronal begründen.

4.2 Das Gesicht als Spiegel der Seele

Das Gesicht liefert unserem Gehirn besonders viele Informationen, deshalb schauen wir vor allem dorthin: Wir müssen in ihm lesen, denn die in ihm enthaltenen Informationen können lebenswichtig sein. Ein neun Minuten altes Neugeborenes, das noch nie ein Gesicht gesehen hat, fühlt sich vom Muster, das einem Gesicht ähnelt, stärker angezogen als von jedem anderen. „Man kommt mit dem Wissen auf die Welt, was ein Gesicht ist", sagt die Psychologin Vicki Bruce, weltweit führende Forscherin auf dem Gebiet der Gesichtserkennung. Ist ein Krabbelkind Lärm ausgesetzt, schaut es auf das Gesicht seiner Mama und registriert, welche Reaktion es darin entdeckt.

Je älter wir werden, desto stärker bauen wir unsere Fähigkeit zum Gesichterlesen aus und werden wahre Experten darin. Was wir in ihm lesen, entscheidet, ob wir uns dem anderen zuwenden oder abwenden. Für das Erkennen von Gesichtsausdrücken scheint ein spezieller Teil der Amygdala im limbischen System spezialisiert zu sein – die dortigen Nervenzellen reagieren nur auf Gesichtsmuster. Sie reagiert aber nicht nur auf Gesichter selbst, sondern auf Muster, die dem Gesicht ähneln, wie im Fall von Smilies und sogar bei der Vorderansicht von Autos. Von britischen Wissenschaftlern stammt der Bericht von einem Blinden, der nach einem Schlaganfall zwar nicht mehr Hell und Dunkel unterscheiden konnte; doch konnte er böse und freundliche Gesichtsausdrücke auseinander halten. Dies verdankt er seiner Amygdala.

Sobald ein Gesicht in unser Blickfeld gerät, beginnt unser Gehirn mit Höchstleistung folgende Fragen zu beantworten: Ist das Gesicht bekannt oder unbekannt? Handelt es sich um einen Mann oder eine Frau? Ist das Gesicht jung oder alt? Vor allem aber: Ist der Mensch ein Freund oder ein Feind? Hierzu registrieren die Teile unseres Sehzentrums die Person sowie soziale Signale des Gegenübers. Das limbische System verarbeitet die Mimik und Teile des Belohnungssystems bewerten zusammen mit einem anderen Hirnteil die Attraktivität der Gesichtszüge.

Die Amygdala reagiert als Gefahrendetektor innerhalb von Millisekunden auf Gesichtsausdrücke, indem sie in uns die Gefühle von Angst, Vertrauen, Hass und Zuneigung auslöst. Außerdem registriert sie sensibel die Blickrichtung und liefert so Informationen darüber, ob unser Gegenüber Interesse an uns hat. Wie wir das Gesicht unseres Gegenübers im Ganzen wahrnehmen, hängt außerdem von weiteren Faktoren ab, vor allem von der Vertrautheit mit den Gesichtszügen, unserer momentanen Aufmerksamkeit und Gefühlslage. Dies alles geschieht in Sekundenbruchteilen, und ohne dass wir uns dessen bewusst sind: Menschen müssen Fremden nur sehr kurz ins Gesicht blicken, um sich ein Bild ihres Charakters machen zu können.

US-amerikanische Psychologen ließen Studenten die Fotos von fremden Gesichtern beurteilen. Sie sollten entscheiden, ob die gezeigte Person attraktiv, sympathisch, vertrauenswürdig, kompetent oder aggressiv war oder nicht. Anschließend sollten die Probanden angeben, wie überzeugt sie von ihrer Bewertung waren. Ihr Urteil sollten sie so schnell fällen, dass es nur für ein intuitives Urteil reichte. Ergebnis: Die Studenten konnten sich innerhalb der kurzen Zeit genau entscheiden. Selbst wenn sie die Fotos länger betrachteten, blieben die Studenten grundsätzlich bei ihrem Urteil und verfeinerten es nur. Fazit: Für die grundsätzliche Beurteilung von Eigenschaften einer Person spielt es offensichtlich keine Rolle, ob die Probanden das Bild nur 100 Millisekunden lang gesehen hatten oder eine ganze Sekunde. Zusätzliche Zeit führte lediglich dazu, dass die Studenten sicherer wurden, das richtige Urteil getroffen zu haben; auch konnten sie Nuancen besser erfassen als in den kürzeren Zeitspannen. Ein weiteres Ergebnis ist ebenfalls interessant: Besonders schnell konnten die Studenten sagen, ob sie eine Person als vertrauenswürdig einschätzten. Die Forscher erklären dies damit, dass es schon in der frühen Entwicklung des Menschen überlebenswichtig war und bis heute ist, Freund und Feind schnell zu erkennen. Dies geschieht, wie gesagt, vor allem unbewusst.

Siegfried Frey bot in einer Versuchsreihe den Testpersonen eine Serie von Porträtfotos für nur wenige Millisekunden, dar. Schon die schemenhafte Wahrnehmung menschlicher Gesichtszüge genügt, um bei den Betrachtern eine dezidierte Meinung über die Persönlichkeitseigenschaften der Stimulusperson hervorzurufen. Das Deuten von Gesichtsausdrücken von Menschen aus unterschiedlichen Kulturen verläuft sehr ähnlich, wie entsprechende Studien zeigen: Ist der Mundwinkel nach unten gezogen, wird dies als traurig interpretiert, der finstere Blick als wütend. Der Körperausdruck von Gefühlen wird also universell verstanden: Glück/Freude, Überraschung, Furcht/Angst, Ekel, Trauer, Wut und Verachtung. Forscher nehmen an, dass das Erkennen dieser Gefühle angeboren ist.

Wie emotional der Blick in ein Gesicht wirken kann, zeigt die Studie von britischen Forschern mit 30 Testpersonen, die auf der Website Wissenschaft.de zitiert wird: Die Konzentration dieser Personen hatte nachgelassen, wenn sie in das Gesicht einer Person schauten. Vor allem die emotionalen Informationen in Gesichtern lenkten die Aufmerksamkeit ab. Für die Untersuchungen lösten die Probanden mathematische Aufgaben, während sie stets den Blick von dem Fragenden abwendeten. Den Forschern zufolge erhöhte sich so die Fähigkeit der Probanden erheblich, die Aufgaben richtig zu lösen, als wenn sie das Gegenüber betrachteten. In ein Gesicht zu blicken und dabei von 100 in Siebener-Schritten rückwärts zu zählen, bereitete den Versuchsteilnehmern beträchtliche Probleme. Die Kombination von geistiger Arbeit und emotionalen Eindrücken versetzte einige Probanden so in Stress, dass sie sogar in Schweiß ausbrachen. Am stärksten schwitzten Männer unter den Teilnehmern, die in ein weibliches Gesicht blicken sollten, sagt die Leiterin des Forscherteams Gwyneth Doherty-Sneddon von der Universität in Sterling in einem Beitrag im Onlinedienst des Fachmagazins Nature. Wer volle Konzentrationsfähigkeit benötigt, sollte sein Gegenüber nicht anschauen – ein scharfer Verstand blickt daher in die Leere, könnte das Fazit dieser Studie lauten. Der Wissenschaftlerin zufolge sollten Sätze wie: „Sehen Sie mich an, wenn ich mit Ihnen rede", der Vergangenheit angehören.

4.2.1 Die Mimik als Sender und Empfänger

Die Mimik unseres Gegenübers ist Empfänger und Sender von Informationen in einem. Sie erwacht erst richtig zum Leben, wenn Menschen um uns sind. 43 mimische Muskeln sprechen mit uns in einer Sprache, die die ganze Welt versteht: Trauer, Zorn, Angst, Ekel, Verachtung, Überraschung, Freude – rund um den Erdball kennen und zeigen Menschen diese Gefühle. Neben dieser universalen Sprache der Mimik gibt es auch lokale Dialekte.

Unser Gesicht sagt sehr viel über unsere Gefühle aus. Maßgebender Forscher auf diesem Feld ist Paul Ekman, Experte für Gesichtersprache. Ekmann fand heraus, dass das Gesicht nicht nur so aussieht wie die Gefühle des Menschen, sondern sie sind die Gefühle des Menschen. In seinen Studien hat er 10.000 Gesichtsausdrücke ausgemacht, davon können wir als Laien etwa 3.000 unterscheiden. Paul Ekman und sein Kollege Wallace Friesen untersuchten sieben Jahre lang alle Kombinationen der 43 Gesichtsmuskeln und filterten jene heraus, die für uns Menschen bedeutend sind; hierunter waren 60 Varianten sich zu ärgern und 18 Arten freudig zu lächeln – aus Erleichterung, Verwunderung, Dankbarkeit, Schadenfreude, Vorfreude oder vor Aufregung. Ekman ist mittlerweile derart geübt im Deuten der Mimik, dass er mit einem kurzen Blick auf ein Gesicht anhand der Mimik die wahren Beweggründe eines Menschen herausfinden kann.

Auch normale Menschen wie wir können sehr gut unbewusst die Mimik anderer Menschen deuten: In Tests schätzten über 90 Prozent der Beobachter die Gefühle auf Gesichtern richtig ein, bei anderen Körpermerkmalen liegt die Quote niedriger. Jedoch kommt es auch vor, dass wir Fehler machen, wenn wir von einzelnen Gesichtszügen auf die Gestimmtheit der Person schließen. Experten empfehlen daher, den Gesichtsausdruck stets im Gesamteindruck der Person zu interpretieren.

Unsere Mimik führt ein Eigenleben

Unser Mienenspiel führt ein Eigenleben, das wir nur bedingt kontrollieren können. „Es ist Ihnen bestimmt auch schon passiert", schreibt Ekman, „dass jemand einen Kommentar über Ihren Gesichtsausdruck abgegeben hat, von dem Sie gar nicht wussten, dass Sie ihn gemacht haben. Jemand fragt plötzlich: „Worüber ärgerst du dich denn?" oder „Was grinst du denn so?" Ihre Stimme können Sie hören, aber Ihr Gesicht können Sie nicht sehen."

Einige Muskeln und Regungen kann unser Gegenüber kontrollieren, weil sie dessen Willen unterworfen sind; mit diesen Gesichtsmuskeln zeigt uns unser Gegenüber dessen Gefühle bewusst. Doch das System, das nicht dessen Willen unterliegt, ist wichtiger für uns, denn mit diesem System hat uns die Evolution ausgestattet, die wahren Gefühle auszudrücken.

Der Gesichtsausdruck beeinflusst stark die Wirkung eines anderen Menschen auf uns: Schaut uns dieser freundlich und fröhlich an, werten wir die Person eher als attraktiv; dagegen macht andere Menschen in unseren Augen unattraktiv, wenn sie traurig oder missmutig dreinschauen. Hierbei scheint es so zu sein, dass wir nicht nur die Mimik des Gegenübers wahrnehmen und diese deuten: Vielmehr verfügen wir über spezielle Nervenzellen, die Spiegelneuronen, die dafür sorgen, dass wir die Gefühle unseres Gegenüber selbst erleben. Sie werden diese für unsere sozialen Beziehungen wichtigen Nervenzellen ausführlich in Kapitel 7.3 kennen lernen.

Wichtig an dieser Stelle sind die Ergebnisse der Studie des Psychologen Ulf Dimberg von der Universität in Uppsala: Wir erwidern das Lächeln eines anderen Menschen, ohne dass uns dies bewusst sein muss. Dimberg hat Testpersonen Gesichter von Menschen eine halbe Sekunde lang gezeigt. Die Anweisung an die Testpersonen lautete, dass sie beim Anblick der Gesichter möglichst neutral bleiben sollten. Eine Apparatur hielt selbst kleinste Bewegungen ihrer Gesichtsmuskeln fest. Die jetzt eingeblendeten Bilder zeigten zunächst die Gesichter von neutral blickenden Menschen – und die Testpersonen zeigten ebenfalls neutrale Gesichter. Als dann das Foto eines lächelnden Menschen eingeblendet wurde, bewegten sich die Gesichtsmuskeln und die Testpersonen lächelten e-benfalls leicht. Ein anderes Foto zeigte einen ärgerlichen Gesichtsausdruck und auch hier reagierten die Testpersonen mit einem ärgerlichen Gesichtsausdruck. Mehr noch: Verringerten die Forscher die Zeit, in der das Foto gezeigt wurde, so, dass dies der Testperson unbewusst war, zeigte sie ebenso eine Reaktion auf die Fotos. Wir scheinen automatisch auf die Stimmung von anderen Menschen zu reagieren, selbst wenn uns dies nicht bewusst ist. Medizinprofessor Joachim Bauer schreibt in seinem Buch: „Warum ich fühle, was du fühlst. Intuitive Kommunikation und das Geheimnis der Spiegelneuronen": „Die menschliche Psyche und ihr neurobiologisches Instrument, das Gehirn, nehmen unter Umgehung unseres Bewusstseins, täglich unzählige Hinweise und Reize auf. Resonanz heißt: Diese Wahrnehmungen, egal ob bewusst oder unbewusst, werden nicht nur in uns abgespeichert, sondern können auch Reaktionen, Handlungsbereitschaften sowie seelische Reaktionen hervorrufen." Konsequenz für Menschen im Arbeitsleben: Es kann unsere Stimmung beeinflussen, wenn ein Kollege oder der Chef während einer Abteilungssitzung grimmig schaut, selbst wenn uns dies gar nicht bewusst ist! Diese Versuche machen deutlich, wie das Gehirn viele scheinbar auch nebensächliche Eindrücke im Geschäftskontakt unbewusst verarbeitet, die wir selbst nicht bewusst mitbekommen. Wir spüren oft auch nicht, wie sich durch diese unbewussten kleinen Botschaften unmerklich unsere Stimmung ändert.

Täuschende Mimik

Unsere Mimik setzen andere ein, um uns zu täuschen, das fanden Ekman und sein Kollege Friesen heraus. Schon Babys im Alter von zehn Monaten beherrschen den Unterschied von echter und falscher Mimik – erst im Alter von fünf Jahren wissen Kinder, was eine Lüge ist: Einen Fremden lächeln die Babys begütigend an, der Mund grinst, doch die Augen bleiben kühl. Dahinter steckt eine instinktive Überlebensstrategie: Stimme den überlegenen Fremden freundlich, aktiviere seinen Beschützerinstinkt.

Das sicherste Mittel gegen Fehleinschätzungen ist unsere Fähigkeit, viele Merkmale gleichzeitig zu berücksichtigen. Ein Merkmal mag von der Regel abweichen, doch je mehr Eigenschaften wir bei der Bewertung hinzuziehen, desto zuverlässiger könnte das Urteil sein. Was geschieht, wenn der Gesichtsausdruck und die Körperhaltung unseres Gegenübers nicht übereinstimmen? Die Körperhaltung trennen wir nicht von der Wahrnehmung des Gesichtsausdrucks: Der Gesamteindruck entscheidet, dies haben niederländische Forscher um Hanneke Meeren von der Universität in Tilburg herausgefunden. Sie zeigten Versuchspersonen Bilder, auf denen Gesichtsausdruck und Körpersprache nicht zueinander passten. Schon in den ersten 115 Millisekunden erkennt das Gehirn diesen Widerspruch.

Wie gingen die Forscher vor? Sie ließen zwölf Probanden verschiedene digitale Bilder betrachten, auf denen Personen Emotionen wie Angst oder Ärger zeigten. Die Reaktionen des Gehirns maßen sie mit einem Elektroenzephalografen (EEG). Dann vertauschten die Forscher die Köpfe und Körper auf den Bildern und montierten einen ängstlichen Gesichtsausdruck auf einen Körper in verärgerter Pose: Die Probanden sahen die Bilder nur etwa 200 Millisekunden lang. Sie sollten sich auf den Gesichtsausdruck konzentrieren und entscheiden, ob die abgebildete Person Ärger oder Angst zeigt. Bei Bildern mit unpassender Kombination von Mimik und Gestik konnten sich die Testpersonen schwerer entscheiden. Die Messungen zeigten, dass das Gehirn beim Verarbeiten von Gesichtern schon nach sehr kurzer Zeit weitere Informationen beim Interpretieren hinzuzieht.

Die Mimik beeinflusst unsere Gefühle

Die Mimik drückt unsere Gefühle aus. Soweit so gut. Jedoch fand Ekman in seiner Forschung Erstaunliches über die Kraft der Mimik heraus: Unsere Mimik wirkt umgekehrt auch auf unsere Gefühle und kann diese beeinflussen: Nimmt Ihr Mund ein deutliches Lächeln an, kann dies Ihre Gefühle positiv beeinflussen. Wie kam es zu dieser Erkenntnis? Im Rahmen ihrer Studien zur Mimik versuchten Paul Ekman und Wally Friesen alle möglichen Gesichtsausdrücke originalgetreu herzustellen und dann auf Video aufzunehmen. Während dieser Arbeit bemerkten die beiden, dass sie sich besser oder schlechter fühlen, je nachdem, welche Gesichtsausdrücke sie herstellten. In den Folgejahren bestätigte Ekman diesen Effekt, den er als ‚facial feedback' bezeichnete: Die Gesichtsmuskulatur löst im Gehirn Prozesse aus, die jene Gefühle erzeugen, die zur aktuellen Mimik passen. Lächeln Versuchspersonen, berichten sie über bessere Gefühle als Versuchspersonen, die ihre Stirn runzeln sollten, dies haben auch spätere Studien gezeigt. Was Sie für die Wirkung von Menschen im Arbeitsleben lernen: Zum einen, dass sie sich gern mit Menschen umgeben, die lächeln, weil sie dies nicht nur sehen, sondern auch selbst nachvollziehen; zum anderen können Sie Menschen auffordern, zu lächeln und verbessern damit deren Stimmung.

Lächeln

Zur bedeutendsten Mimik gehört das Lächeln. Wir Menschen kennen 50 verschiedene Arten des Lächelns, von denen einige hochspezialisiert sind und die wir zum Beispiel nur beim Flirten einsetzen. Lächeln setzt sich in Gang, wenn wir etwas empfinden. Es kann sekundenschnell geschehen, elektrische Sensoren können es messen. Das Lächeln ist unser ältester und natürlichster Ausdruck, und wie andere Gesichtsausdrücke entwickelte es sich zu einem ganz bestimmten Zweck: Wir reagieren damit auf die Menschen in unserer Umgebung und wollen ihr Verhalten beeinflussen. Als Menschen im Berufsleben wollen wir unsere Vorgesetzten mit unserem Lächeln entwaffnen und ihnen Vertrauen einflößen. Je schneller, desto besser: Fehlende Bedrohung ist für unser Überleben offenbar so wichtig, dass das Lächeln tief in die Struktur unseres Gesichts eingebaut ist. „Der Körper ist die Bühne der Gefühle", sagt der weltbekannte Hirnforscher Antonio Damasio. Freuen wir uns, zeigt sich dies in unserer Mimik.

Wir können sogar wahres von aufgesetztem Lächeln unterscheiden: Gute Laune hebt nicht nur die Muskeln um die Mundwinkel, sondern auch einen Teil des Ringmuskels, der die Augenhöhlen umschließt. Seine Kontraktion zieht die Wangen mit nach oben. Dadurch bilden sich in den Augenwinkeln kleine Krähenfüße. Beim künstlichen Lächeln fehlt die Bewegung des Augenringmuskels, weil er nicht dem Einfluss des Willens unterliegt. „Es gibt nur eine Möglichkeit, aufmerksame Beobachter zu täuschen", schreibt der Biologe Richard Conniff in seinem Buch „Was für ein Affentheater": „Denken Sie an etwas Lustiges, das Sie zum Lächeln bringt. Ihre humorvollen Erinnerungen erreichen mühelos, was Ihrem Willen unmöglich ist. Ihre Augen strahlen."

4.2.2 Augen und Mund als Stimmungsbarometer

Im Gesicht einer Person sind Augen und Mund zentrale Informationsanker: Durch den Blick in die Augen können wir einschätzen, wie unser Gegenüber gestimmt ist: Bist Du mein Freund und tust mir gut? Bist Du mein Feind und schadest mir? Schon die Umgangssprache sagt, dass wir beim Blick in die Augen eines Menschen in seine Seele blicken können. Boxer wissen: Der Blick in die Augen kurz vor dem Kampf entscheidet oft darüber, wer gewinnt. Wer kennt im Arbeitsleben nicht jene Situation im Aufzug, wenn wir unseren Blick nach oben, unten oder auf die Etagenknöpfe richten, um sich aus nächster Nähe nicht in die Augen schauen zu müssen. In solchen Situationen regieren wir mitunter so, als ob ein Mensch in unsere Intimsphäre eindringt.

Forscher der Freien Universität Berlin zeigten Testpersonen die Fotos von Menschen, deren Augen nicht dort saßen, wo sie sein müssten. Schon nach 32 Millisekunden konnten die Testpersonen diesen Betrug erkennen – also lange bevor sich deren Bewusstsein eingeschaltet hat. In diesen Tests zeigte sich auch, dass unser Gehirn das Gesicht in der Reihenfolge Auge-Mund-Nase verarbeitet. Die Zeitschrift „Nature" berichtete von einer Patientin, die keine Angst in den Gesichtern anderer Menschen erkennen kann. Grund: Während gesunde Menschen anderen Menschen als erstes unwillkürlich auf die Augenregion schauen, wenn sie ein Gesicht betrachten, richtete diese Patientin ihren Blick nur auf die Gegend um Mund und Nase. Hierdurch konnte sie die weit aufgerissenen Augen als wichtigstes Signal von Angst nicht empfangen. Alle anderen Emotionen beziehen den Mund ein.

Offenbar sorgt die Amygdala im limbischen System dafür, dass wir reflexartig die Augen unseres Gegenübers untersuchen und auf Zeichen von Angst und anderen Emotionen achten. Darüber hinaus liefern die Augen weitere wichtige Informationen über unser Gegenüber: Speziell die Pupillen teilen uns mit, ob unser Gegenüber erregt ist, dann nämlich weiten sich dessen Pupillen. Gleichzeitig registriert unsere Amygdala die Blickrichtung unseres Gegenübers, wobei uns das klar abgesetzte Augenweiß hilft.

Neben den Augen achten wir auch auf den Mund, weil uns dieser ebenfalls Informationen über die Stimmungen und Pläne unseres Gegenübers liefert: Lächelt uns die Person an oder fletscht sie die Zähne? So klären wir zwei überlebenswichtige Fragen auf den ersten, kurzen Blick: Droht uns Gefahr? Und: Woher kommt sie? All dies geschieht unbewusst – dennoch wirken diese Signale auf uns.

Beim Blick auf die Augen und den Mund und deren Bewertung setzen sich weitere Prozesse in Gang, die Kapitel 1.2 als Stereotypen beschrieben hat: Die Farbe der Augen verknüpfen wir mit weiteren Eigenschaften wie im Fall der dunkeläugigen Südländerin und des blauäugigen Nordländers, was die damit verbundenen neuronalen Netzwerke aktiviert. Sicher, dies sind Vorurteile, doch sie wirken unbewusst und sehr stark.

4.3 Haut und Haar: Hinweise auf Jugend und Gesundheit

Haut und Haar gehören zu jenen Merkmalen einer Person, die uns viele Informationen über deren Jugend und Gesundheit liefern. In Studien zur Attraktivität entdeckten die Forscher, dass die Testpersonen jene Fotos von Menschen als besonders attraktiv bewerteten, deren Haut makellos war.

Das Kopfhaar gibt wichtige Hinweise auf Gesundheit, Alter, Geschlecht, Kultur und Subkultur, Epoche und gesellschaftliche Position. Haare haben kaum eine schützende oder wärmende Funktion, streng medizinisch sind sie nicht notwendig.

Die Bedeutung der Haare hat die Journalistin, Literatur- und Kulturhistorikerin Nina Bolt untersucht. In ihrem Buch „Haare – Eine Kulturgeschichte der wichtigsten Hauptsache der Welt" schreibt sie: „Hängt es fettig und trocken herab oder strähnig wie welkes Gras, so deuten wir dies als Zeichen dafür, dass es uns weder physisch noch psychisch sonderlich gut geht." Dagegen sind glänzendes, volles, lebendiges und natürliches Haar die vier Schlüsselbegriffe, die zum Beispiel in der Werbung für Haarpflegemittel das heutige Schönheitsideal wiedergeben. Und was gesund aussieht, wirkt attraktiv. Stumpfes, kaputtes, ausgefranstes Haar prägt den ersten Eindruck so negativ, dass andere Merkmale des Aussehens das Bild kaum noch korrigieren können; zu diesem Ergebnis kommt der Forscher Reinhold Bergler in einer umfassenden Studie über die Wirkung von Frisuren.

Haarverlust ist ein typisches Alterssignal, unter dem jeder dritte Mann und jede zehnte Frau leidet. Lange Zeit galt es vor allem als kosmetisches Problem; mittlerweile erkennen die Mediziner die Ursachen genauer: Bei 80 Prozent der betroffenen Männer ist die Störung ererbt. Ihre Haarwurzeln reagieren empfindlich auf das Hormon Testosteron – dieses hemmt das Haarwachstum. Ein Zwischenprodukt des Hormons verhärtet das Bindegewebe um den Haarfollikel. Folge: Das Haar erhält nicht genügend Nährstoffe, es wird dünner oder fällt aus. Die Kahlheit beginnt mit Geheimratsecken, dann breitet sie sich zur Schädelmitte aus und erfasst zuletzt den äußeren Haarkranz. Zeigt man Frauen die Köpfe von Männern einmal mit Haar und einmal ohne, empfinden sie die Glatzen bis zu sechsmal weniger attraktiv. Auch im Arbeitsleben bringt Haarmangel eher Nachteile: Der Kommunikationsforscher Bernd Tischer legte 98 Personalchefs Bewerbungsfotos vor und fragte, wen sie zu einem Bewerbungsgespräch einladen würden. Hierbei wendete er den Trick an, einige Männer doppelt auftauchen zu lassen, einmal mit Halbglatze und einmal mit vollem Haar. Ergebnis: Die Personalchefs bevorzugten jene Personen mit vollem Haar.

Unsere Haare gehören zu jenen Merkmalen unseres Äußeren, die sich schnellstens ändern können: Wir können sie zu einer bestimmten Form schneiden, wir können sie färben. Ähnlich unserer Kleidung lassen sie sich in unendlichen Variationen von Farbe und Form tragen, zugleich aber gehören sie zum Körper des Menschen. Dies verleiht der neuen Frisur mehr Bedeutsamkeit als nur ein neuer Mantel. Stylingprodukte, Gels und Färbemittel erlauben uns die schnelle Variation: Am Abend sind die Haare aufgestylt, aber morgens am Arbeitsplatz streng gekämmt. Wie wichtig das Haar als Signal ist, zeigte die heftige Reaktion von Ex-Kanzler Gerhard Schröder, als Berichte umgingen, er töne sein ergrauendes Haar. Der Niedersachse wehrte sich per Gerichtsbescheid. Seitdem darf über die Farbechtheit des Politikerhauptes nicht mehr gemunkelt werden.

4.4 Geruch als Torwächter

„Den kann ich nicht riechen!", war dies nicht auch einmal ein Urteil von Ihnen über einen Menschen im Arbeitsleben? In der Tat ist der Geruch einer Person ein wichtiges Indiz für unsere erste Bewertung. Langsam setzt sich die Erkenntnis durch, dass das Augentier Mensch auch ein Nasentier ist: Gerüche erreichen und steuern unser Unbewusstes viel stärker als bisher angenommen. Der Riechnerv, der Geruchsreize verarbeitet, führt direkt ins Gefühlszentrum des Gehirns und ruft dort sofort emotionale Reaktionen hervor – keine Chance für die Großhirnrinde, einzugreifen. Für die emotionalen Reaktionen ist die Amygdala zuständig, die ursprünglich die Aufgabe hatte, Geruchssignale zu verarbeiten. Sie ist direkt mit unserer Nase verbunden.

Wie gut die Amygdala arbeitet, zeigt der Test, in dem Männer am Geruch der von Frauen getragene T-Shirts die fruchtbaren Zyklus-Phase riechen können – der Duft der Frauen ist in dieser Zeit nämlich angenehmer und anregend, da er den Testosteronspiegel ansteigen lässt. Neuere Studien aus England zeigen: Der Geruch von frisch geschnittenem Gras mobilisiert die Erinnerung und verleitet zu Tagträumen. Riecht es nach Essen, beschleunigen Autofahrer unwissentlich, weil sie der aufkommende Hunger schneller zum Ziel treibt. Parfums lenken vom Verkehrsgeschehen ab, weil sie sexuelle Phantasien anregen. Der Geruch eines Neuwagens sorgt dafür, dass der Fahrer vorsichtiger wird, weil er das neue Auto nicht beschädigen möchte.

Wie Gerüche unbewusst wirken, zeigt folgendes Experiment: Probanden saßen in einem Raum und spielten Scrabble. Im Schrank befand sich ein Putzeimer mit Allzweckreiniger, der nach Zitrusduft roch. Den Zitrusduft des Allzweckreinigers bemerkte zwar keiner der Probanden bewusst, doch die Probanden legten mehr Wörter, die mit Sauberkeit zu tun hatten als die Kontrollgruppe ohne Zitrusduft und sie verließen den Versuchsraum ordentlicher. „Das Gehirn entschlüsselt automatisch die implizite Bedeutung des Zitrusdufts – „Saubermachen", „Reinlichkeit" etc. – und setzt Verhaltensprogramme in Gang, ohne das Bewusstsein zu belästigen.", so der Neuropsychologe Christian Scheier. So müssen wir auch bei der Wirkung von Menschen im Arbeitsleben davon ausgehen, dass wir deren Geruch zumindest unbewusst aufnehmen, diesen mit einer emotionalen Bewertung speichern, und dass diese eventuelle Verhaltensprogramme in uns auslöst, ohne dass uns diese bewusst wären. Nicht allein der starke Schweißgeruch eines Kollegen löst damit eine Wirkung aus, sondern viel subtilere Signale, an die wir uns nicht erinnern können, wenn wir an einen Menschen denken, die sich aber dennoch auf unser Verhalten mitunter stark auswirken können.

4.5   Der Körper als Bühne der Gefühle

Der gesamte Körper unseres Gegenüber liefert uns Informationen, von denen wir heute wissen, wie mächtig diese Informationen für unser Urteil über die andere Person sind: Bewegungen, Körperhaltung und sogar die Körpergröße lösen in uns Bewertungsprozesse aus, von denen wir nichts ahnen, die aber dennoch enorm wirken.

4.5.1 Bewegung als Superzeichen

Als eines der Superzeichen eines Menschen hat sich dessen Bewegung gezeigt, dies hat der Forscher Siegfried Frey herausgefunden. In seiner Studie wollte er die Frage beantworten, wie deutsche, französische und US-amerikanische Zuschauer auf die in die TV-Nachrichten der drei Länder eingebundenen Bewegtbilder von Politikern reagieren. Hierzu zeigte er Studenten 180 Videoclips mit 60 amerikanischen, 60 französischen und 60 deutschen Politikern. Die Clips waren 10 Sekunden lang. Versuchspersonen waren insgesamt 55 amerikanische, 85 französische und 81 deutsche Studierende. Seine Untersuchung hat er in drei Ländern jeweils im Einzelversuch durchgeführt.

Im Ergebnis zeigte sich, dass die Bilder erheblich wirkten: Obwohl die Bewegtbilder zu wenige Sekunden zu sehen waren, lösten sie dezidierte Urteile der Testpersonen aus. Hierbei war es für die Geschwindigkeit des Urteils völlig unerheblich, ob die Betrachter schon eine Meinung vom Politiker hatten oder ob sie sich diese Meinung erst bilden mussten. Frey: „Offenbar entscheidet sich beim Anblick einer Person buchstäblich in Sekundenschnelle, was wir von dieser Person halten, welche Eigenschaften wir ihr zuschreiben oder absprechen, ob wir sie sympathisch finden, als langweilig erachten, als arrogant, unehrlich, intelligent, fair und anderes mehr einstufen. Und ganz anders, als dies bei einer rationalen Abwägung unseres Urteils der Fall wäre, läuft die durch das nichtsprachliche Verhalten ausgelöste Meinungsbildung so automatisch ab, dass der Betrachter … kaum mehr Mühe aufwenden muss, als nötig ist, um wach zu bleiben." Somit knüpfen diese Ergebnisse an Erkenntnisse an, die Sie bereits in den vorangegangenen Kapiteln kennen gelernt haben. Was Frey interessierte war, was diese Bewertungsprozesse auslöst.

Aus dem Tierreich kennen wir, dass nur wenige Merkmale eine Rolle spielen, damit ein Tier auf ein anderes wirkt, dies hat Tierforscher Konrad Lorenz schon vor vielen Jahren herausgefunden – manchmal ist es ein roter Schwanz, manchmal ein paar Federn oder eine Bewegung des Kopfes. Und obwohl die Sinnesorgane der Tiere viel mehr und viel differenzierter wahrnehmen: Die Reaktion auf ein anderes Tier erfolgt anhand weniger und mitunter sehr simpler Reize, auch Superattrappen genannt.

Beim Menschen ist dies selbstverständlich anders – immerhin sind wir die Krone der Schöpfung und hochintelligent! Tatsächlich? Was sagt die Forschung? Der Vergleich der Bewegungsmuster jener Politiker, die in der Studie von Frey besonders gut abgeschnitten hatten, mit jenen, die negativ bewertet wurden, überraschte: Sowie Politiker ihren Kopf seitlich neigten, schnitten sie deutlich besser ab. Unser Sehsystem misst dieser scheinbar kleinen Veränderung enormes Gewicht bei, sie entscheidet maßgeblich den Eindruck, den eine Person auf uns macht: „Dieselben Personen, die zunächst als ‚sympathisch, empfindsam, zärtlich, ehrlich, bescheiden' wahrgenommen wurden, galten den Beurteilern auf einmal als ‚unsympathisch, kalt, hinterlistig, arrogant, hart, abweisend' – bloß weil sie den Kopf ein bisschen anders hielten", so Frey. Dies stellte sich völlig spontan ein und war für die Betrachter absolut zwingend. Diese enorme Wirkung blieb auch dann bestehen, wenn die Versuchspersonen erkannten, welcher anscheinend unbedeutende Anlass sie dazu gebracht hatte, ihre Meinung über die Person grundlegend zu ändern. Schon die leichte Neigung des Kopfes sendet uns einen so starken Reiz, dass wir die Person wesentlich sympathischer einschätzen als ohne diese Neigung des Kopfes. Das Neigen des Kopfes ist bei Frauen übrigens eines der deutlichsten Flirtsignale! Jetzt wissen wir, warum!

Das Deuten von Bewegungsmustern scheint kulturübergreifend zu sein: Die Bewegungen von Politikern führten bei Zuschauern in unterschiedlichen Nationen zu sehr ähnlichen Ergebnissen. Frey schreibt: „Es deutet sich ... an, dass die subjektiven ‚Übersetzungsregeln', die bei der spontanen Interpretation nonverbaler Stimuli zur Wirkung gelangen, zumindest innerhalb einer Kultur einander so ähnlich sind, als bestünde ein heimlicher Konsens. Darüber hinaus bestätigte sich in unseren Analysen einmal mehr, dass die nonverbale Kommunikation ihre Wirkung auch über die Sprach- und Kulturgrenzen hinaus entfaltet."

Die Sprache unserer Bewegungen

Wie kann sich unser Gegenüber ausdrücken, damit dies auf uns wirkt?

- Schultern heben und senken wir, wir schieben sie vor und zurück.

- Der Kopf bietet mehr Möglichkeiten: Wir können ihn heben oder senken, drehen und seitlich kippen – und dies zeitgleich.

- Unvergleichlich sind unsere Hände: Wir können sie gleichzeitig drehen, öffnen, in drei Richtungen beugen sowie durch Armbewegungen nach oben/unten, links/rechts und vorne/hinten verlagern. Welche Herausforderung für Forscher, die unsere Bewegungen untersuchen!

Eines der bekanntesten Erfassungssysteme für Bewegungen liefert seit den 1980er-Jahren das „Berner System zur Untersuchung nonverbaler Interaktion". Das System verfügt insgesamt über 55 Dimensionen, Körperbewegungen zu kodieren. Berücksichtigen wir die Mimik, die laut Studien von Ekman rund 10.000 Ausdrucksmöglichkeiten kennt, kommen weitere 49 Kodierungsdimensionen hinzu, also insgesamt 104 Dimensionen. Wie auch bei den rund 10.000

Ausdrucksmöglichkeiten unserer Mimik nehmen wir diese vielen Bewegungs-
möglichkeiten nicht bewusst wahr. Gerade hieraus beziehen sie ihre Kraft, denn
auf Gesten reagieren wir enorm feinfühlig, was uns aber fast nie bewusst ist.

Kein Wörterbuch für Bewegungen

Das Problem mit Bewegungen: Schulterzucken und Kopfschütteln scheinen wir
noch deuten zu können, aber für viele andere Reize gibt es kein Wörterbuch.
Anders bei der Sprache: Durch Sprache können wir uns mit unserem Gegenüber
über die Bedeutung eines bestimmten, von uns verwendeten Wortes verständi-
gen. Anders ist dies im Fall von Körperbewegungen: Für sie gibt es keine Bedeutung, die wir in einem Wörterbuch nachschlagen können. Wir bewerten
demnach die Bewegungen eines anderen Menschen subjektiv und gefühlsmäßig,
aber wir besprechen unser Urteil nicht einmal mit ihm. So kann es sein, dass uns
die andere Person durch ihre Bewegungen eine bestimmte Bedeutung vermitteln
will, wir uns darum aber nicht kümmern. So kann es sein, dass wir die Bewegung anders deuten, als die Person es gern hätte. Und es kann sein, dass wir die
Bewegungen der anderen Person bewerten, obwohl diese davon gar nichts weiß
und sogar ohne dass diese eine bestimmte Absicht oder eine bestimmte Bedeutung damit verbunden hätte. Es liegt an uns, welche Reize wir auswählen und
wie wir diese Reize bewerten. Unser Gegenüber kommt auch fast nie auf die
Idee, uns danach zu fragen, wie wir seine Bewegungen deuten.

4.5.2 Stimmungen in der Körperhaltung

Verstand, Emotionen und Körper – Sie haben diesen engen Zusammenhang
schon in Kapitel 1. kennen gelernt. Wenden wir uns noch einmal diesem Zusammenhang zu, genau gesagt, der Frage, wie sich unsere Gefühle auf unseren
Körper auswirken können. Tatsache ist: Unsere Gefühle und unsere Körper
hängen eng zusammen. „Wenn Menschen denken, fühlen und handeln, tun sie
dies nicht wie körperlose Gespenster. Der Körper ist immer mit im Spiel",
schreibt Maja Storch in ihrem sehr lesenswerten Buch „Embodiment". Der Neu-
rologe Damasio spricht davon, dass der Körper die Bühne der Gefühle ist.

Unsere Gefühle können sich auf unsere Körperhaltung auswirken, indem wir die
Haltung einnehmen, die wir innerlich fühlen. Vielleicht kennen Sie das: Jemand
weist Sie darauf hin, wie gebeugt Sie gehen und wie bekümmert Sie aussehen.
Und sobald Sie dies erfahren haben, stellen Sie fest, dass Sie tatsächlich in diesem Moment sorgenvoll und deprimiert sind. Interessant zu wissen: Unsere

Körperhaltung kann umgekehrt unsere Gefühle beeinflussen, wie neuere Studien zeigen. Gehen wir nicht mehr gebeugt, sondern aufrecht, kann dies unsere Stimmung ändern.

Die Psychologen John A. Bargh, Mark Chen und Lara Burrows teilten Studenten eines Semesters in zwei Gruppen und verteilten sie auf zwei Hörsäle. Eine Gruppe sollte eine Arbeit über das Leben und die Einschränkungen in den Bewegungen älterer Menschen schreiben. Die andere Gruppe schrieb über Leben und Sport junger Menschen. Nachdem die Testpersonen den Hörsaal verlassen hatten, filmten die Forscher deren Bewegungen. Das Erstaunliche: Jene Studierenden, die über ältere Menschen geschrieben hatten, bewegten sich ähnlich wie alte Menschen, die andere Gruppe bewegte sich ähnlich wie jüngere Menschen. Keine einzige Testperson bemerkte bewusst, wie sich die Bewegungen durch den Test geändert hatten.

Die Körperhaltung kann die innere Haltung unseres Gegenübers ausdrücken, wofür der gebeugte Gang ein Beispiel ist. Sollen wir Haltung bewahren, meinen wir sowohl die innere als auch die äußere. Bei der Bekanntgabe von Noten in einer US-amerikanischen Highschool richteten die Guten ihren Körper auf, die Schlechten gingen gebeugt, die Durchschnittlichen änderten ihre Haltung nicht. Interessant, aber doch nicht wirklich überraschend aufgrund der bisherigen Erkenntnisse in diesem Buch ist, dass die Studierenden auch nach vielen Jahren die Stimmung und sogar das Körpergefühl bei der Erinnerung an die Bekanntgabe abrufen konnten. Auch unsere Körperhaltung scheint demnach ein Gedächtnis zu besitzen. Die stolze Körperhaltung kann sogar ein ganzes Leben begleiten wie im Fall von Menschen, die aufrecht gehen und vielleicht sogar stolzieren, weil sie eine gehobene Stellung in der Gesellschaft einnehmen.

Bei Menschen im Arbeitsleben schließen wir aus deren Körperhaltung ebenfalls auf deren momentane Verfassung, aber auch auf deren Persönlichkeit: Geht ein Vorgesetzter stets aufrecht und gerade, schreiben wir seiner Persönlichkeit andere Eigenschaften zu, als wenn der gleiche Mensch stets gebeugt gehen würde, als müsste er die Last der Welt auf seinen Schultern tragen. Auch diese Bewertungsprozesse sind spontan und uns meist nicht bewusst.

4.5.3 Durch Status zur Größe

Die Größe eines Menschen wirkt auf uns. Der erste Zusammenhang zeigt sich zwischen der Größe und Führungspositionen in der Wirtschaft: Ein Blick in die deutschen Chefetagen zeigt, dass die Großen unter sich sind. Noch nicht einmal jeder zehnte Manager in den führenden deutschen Unternehmen ist kleiner als 1,80 Meter. Fast die Hälfte ist größer als 1,90 Meter. Der deutsche Mann ist durchschnittlich 1,77 Meter groß.

Der zweite Zusammenhang besteht darin, dass Große mehr verdienen. Zu den Forschern, die dies untersucht haben, gehört Guido Heineck, Wirtschaftswissenschaftler an der Universität München. Seine Ergebnisse: Bei den Männern gibt es für zehn Zentimeter mehr Körpergröße vier Prozent mehr Gehalt. Ein Mann zwischen 1,85 und 1,95 Meter verdient im Schnitt 15 Prozent mehr als sein Kollege unter 1,65 Meter. Andere Forscher in den USA haben Tausende von Menschen von der Geburt bis zum Erwachsenenleben verfolgt. Menschen, die nur einen Zentimeter größer waren, erhielten 310 US-Dollar mehr Gehalt pro Jahr. Ein Mensch, der 1,82 Meter groß ist, verdient bei gleichen Startvoraussetzungen pro Jahr 4.340 US-Dollar mehr als ein anderer, der 1,68 Metern groß ist. Timothy Judge, einer der Autoren der Studie, rechnet aus, dass ein groß gewachsener Mensch im Lauf von 30 Berufsjahren 100.000 US-Dollar mehr verdient.

Die Größe des Menschen scheint auch mit dem Status verbunden zu sein: Der australische Psychologe Paul Wilson ließ 1968 an seiner Universität einen Fremden einen Vortrag halten. Einmal stellte er den Gast als Studenten von einer anderen Universität vor, ein andermal als Dozenten und schließlich als einen berühmten Professor der Elite-Universität Harvard. Hinterher ließ er die Zuhörer die Größe des Vortragenden schätzen. Ergebnis: Den ‚Professor‘ schätzten die Befragten fünf Zentimeter größer ein als den ‚Student‘. Die Körpergröße scheint sich demnach mit Status, Dominanz und Macht gegenseitig beim Bewerten einer Person zu beeinflussen. Wir können dies schon sprachlich daran erkennen, dass wir zu einem großen Menschen aufschauen. Dieser Zusammenhang ist übrigens nicht aus der Luft gegriffen: Je höher die soziale Schicht, desto größer sind Männer und Frauen. Deutsche Studenten sind durchschnittlich drei Zentimeter größer als Lehrlinge.

Je größer, desto risikobereiter – eine Eigenschaft, die als eine Schlüsselqualifikation für einen hoch bezahlten Führungsjob gilt. In der Studie des Bonner Instituts zur Zukunft der Arbeit (IZA) sollten sich die Testpersonen vorstellen, sie hätten in einer Lotterie 100.000 Euro gewonnen. Eine Gruppe durfte den Betrag bei einer Bank anlegen. Mit 50 Prozent Wahrscheinlichkeit würde sich der Betrag innerhalb von zwei Jahren verdoppeln; gleich groß war das Risiko, die Hälfte des Geldes zu verlieren. Erstaunliches Ergebnis: Mit jedem Zentimeter Körpergröße stieg die Summe, die sie riskierten, um 200 Euro.

Harvard-Professor John Kenneth Galbraith schreibt in seinem Buch „Anatomie der Macht": „Bedeutende Führungspersönlichkeiten verdanken einen Teil ihrer Macht ihrer physischen Stärke und Körpergröße. Ökonom Bruno S. Frey, Professor am Institut für empirische Wirtschaftsforschung der Uni Zürich, bestätigt: „Körpergröße ist positiv für die Karriere." „Zu den wenigen heutzutage noch goutierten Formen der Diskriminierung zählt die Benachteiligung überdurchschnittlich kleiner Menschen, während groß gewachsene Personen mit einem Sympathiebonus bedacht werden", resümiert Ökonom Galbraith.

Bei der Größe scheint sich übrigens zu wiederholen, was wir bereits bei der Attraktivität gelernt haben: Die Erwartungen an die Person sorgen dafür, dass wir uns dieser anders gegenüber verhalten. Selbsterfüllende Prophezeiung. So ist auch bei der Größe aufgrund der bisherigen Forschungsergebnisse zu erwarten, dass die Großen schon als Kind selbstsicherer waren und jetzt die Erwartungen rechtfertigen, die ihre Vorgesetzten in sie setzen. Großen Menschen begegnen wir anders als kleineren Menschen, wodurch diese sich wiederum anders verhalten.

4.6   Codes der Sprache und Stimme

Die Sprache liefert uns Informationen über die Person auf zwei Ebenen: Was der Mensch sagt und wie er es sagt. Die Bedeutung des Gesagten und Geschriebenen ist zum einen offensichtlich und bewusst; zum anderen empfangen wir viele Signale, die uns die Sprache und die Stimme eines Menschen sendet, die uns unbewusst bleiben, wie das Verwenden bestimmter Begriffe, Stimmhöhe und Stimmfärbung. Gehen Sie mit Ihren Kollegen lieber zu einem Fest (Sicherheitsmotiv), zu einem Event (Erregungsmotiv) oder zu einer VIP-Veranstaltung (Autonomiemotiv)? Von welcher Veranstaltung würden wir uns stärkere Reize erwarten?

Die Sprache von Managern

Zu den Mitteilungen der Sprache von Menschen im Arbeitsleben, deren Wirkung sich bei uns vor allem unbewusst entfaltet, gehört das Verwenden von typischen Managerbegriffen, wie „effizient", „effektiv" und „rentabel". Manager lieben solche Begriffe. Sie sagen damit etwas über sich selbst aus, bekennen sich zur Gruppe Gleichgesinnter und grenzen sich gegen andere ab. Sprechen sie mit ihren Mitarbeitenden, verstehen diese oft ihre Sprache nicht. Mehr noch: Die Sprache spricht deren Emotionen nicht an oder löst sogar abwertende Gefühle aus, wie oft im Fall von Veränderungen in Unternehmen: Zum einen haben die Mitarbeitenden oft schlechte Erfahrungen an frühere Veränderungen; zum anderen sind sie unsicher, was auf sie zukommt, welche Erwartungen sie haben können, und ob sie den künftigen Anforderungen gewachsen sein werden. Die Bedeutungen von Erfahrungen und Erwartungen für das Handeln stellt Kapitel 1.3 dar. Die Veränderungen, die für die Mitarbeitenden mit einem wahrgenommenen hohen persönlichen Risiko verbunden sind, belegen die Verantwortlichen mit Begriffen wie „Change Management" und „Cost Cutting", die abstrakt sind und von vornherein kaum geeignet sind, ein positives Klima zu schaffen, weil sie das limbische System nicht oder – noch schlimmer – negativ ansprechen.

Ein weiteres Beispiel aus der Welt der Sprache von Führungskräften: Diese verbringen 70 Prozent ihrer Arbeitszeit mit Kommunikation, in einigen Fällen sogar zu 90 Prozent, so das Ergebnis mehrerer Forschungsstudien. Kommunikation ist für sie sehr wichtig, um sich darzustellen, zu erklären und Gemeinsamkeiten mit ihren Mitarbeitenden herzustellen, um die Unternehmensziele zu erreichen. Ein wichtiges Instrument hierfür sind Abteilungssitzungen. Eigentlich dienen diese dem Austausch, der Bindung und der Kommunikation untereinander; jedoch verwandeln sie die Führungskräfte regelmäßig in eine Inszenierung ihrer Dominanz: Sie entscheiden, über welche Themen gesprochen wird, wie, wie lange und wann. Oft lassen sie keine Kritik zu. Die eigentlich gute Absicht schlägt in ihr Gegenteil um: Abteilungssitzungen sind vielerorts verhasst.

Mit den Wörtern, die Führungskräfte verwenden, sagen sie immer etwas über sich selbst aus: Ist ihnen Sicherheit und Beständigkeit wichtig, dann argumentieren sie mit dem Blick zurück. Typische Formulierungen sind: „Früher war alles besser!" und „Damals, als ich hier anfing…". Sie argumentieren eher pessimistisch und nach außen gerichtet: „Der Wettbewerb zwingt uns, …" und „Die Wirtschaftslage ist schuld!". Ist die Führungskraft durch Erregung geprägt, sind Denken und Sprache zuversichtlich („Das werden wir gemeinsam schaffen!"). Hans-Georg Häusel schreibt hierzu in seinem Buch „Brain Script": „Unsere Sprache und wie wir Situationen beschreiben, ist also ein Ausdruck unserer Persönlichkeit. Charismatische Führer sind auch in der Sprache echt – ihre Sprache ist zukunftsorientiert, sie ist optimistisch und verleiht den Geführten Kraft."

Motivsystem und Kommunikation

Sicherheit: Traditionelle Begriffe der Muttersprache, persönliche Gespräche, umgangssprachliche Wörter, Duzen, Muttersprache, Akzente und Dialekte

Erregung: Häufig neue Begriffe, Modewörter, überraschende Wörter, Humor

Autonomie: Vorträge, mediale Mittel und Maßnahmen wie E-Mails, Verwendung von Anglizismen und typische Managementsprache, Verwendung von Titeln und formaler Ansprache

Die Bedeutung der Stimme

Die Stimme kann zum ersten spontanen Eindruck von einem Menschen im Arbeitsleben entscheidend beitragen. Die Stimme gibt Wörtern Sinn und Bedeutung, sie drückt Gefühle und Stimmungen aus. Auf den bewussten Einsatz der Stimme angewiesen sind Reden, Gespräche, Verhandlungen und Telefonzentralen. Die beiden Kommunikationsexperten Vazrik Bazil und Manfred Piwinger berichten von einem Experiment, das die Redaktion der Vorwerk-Nachrichten vor einigen Jahren durchführte: Mitarbeitende sollten Gesprächspartner spontan so präzise wie möglich beschreiben. Das Besondere: Sie hatten zwar oft jahrelang telefonischen Kontakt, doch sie hatten weder diese Personen noch ihr Foto jemals gesehen. Das Ergebnis vorweg: Die Trefferquote war erstaunlich hoch. Die Personenbeschreibung reichte von der Körper- und Schuhgröße bis hin zur Farbe der Haare, dem Alter und zu Eigenschaften wie hilfsbereit und „hat einige gute Freunde", „hat ein Haus im Grünen", „ist verheiratet und hat zwei Kinder". Manche Eigenschaften trafen hundertprozentig zu, andere waren schlichtweg falsch. Gab es Ergebnisse, die eher stimmten und solche, die oft falsch waren? Ja: Die Testpersonen konnten die Stimmen ziemlich schlecht nach Größe und Körperbau einordnen; dagegen trafen die Vermutungen über den Charakter meist zu.

Jede Stimme ist einzigartig. Sie kennzeichnet die Persönlichkeit. Sprachexperten können das Alter einer Person bestimmen und die Gegend, in der die Person gelebt hat, denn zwischen 5 und 15 Jahren wird dort die Stimme geprägt, im Lauf des Lebens entwickelt sie sich dann weiter. Wie schon bei der Attraktivität sind sich Menschen weitgehend einig, was die schöne Stimme auszeichnet: Männliche Stimmen ziehen wir vor, wenn sie tief, weich und langsam sind, bei Frauen sind dies eher hohe Stimmen.

Unser Gehirn prüft den Inhalt des Gesagten fast automatisch. So können wir uns auf den Klang der Stimme konzentrieren und prüfen, welche Stimmung die Person hat. Das limbische System kann den gesamten Körper auf Traurigkeit einstellen: Die Muskeln in der Kehle erschlaffen, die Stimmlippen erreichen nicht mehr die volle Spannung und schlagen viel langsamer zusammen. Die Speichelproduktion im Rachenraum sinkt. Der Mensch klingt tiefer. Wenn unser Gegenüber wütend wird, spannen sich die Muskeln im Kehlbereich an, gleichzeitig bleibt ihm fast die Spucke weg; die Stimmlippen sind jetzt kürzer, härter und erzeugen mehr Obertöne. Die höchste Sprechgeschwindigkeit ist erreicht. Die Stimme klingt schärfer und höher. Schon nach einer halben Sekunde meinen wir zu erkennen, dass unserem Gegenüber etwas die Kehle zuschnürt.

4.7 Kleidung und Symbole als Codes

Symbole, also Zeichen, die eine Bedeutung vermitteln, sagen uns etwas über die Person selbst aus; zum anderen nutzen Menschen Symbole, um deren Zugehörigkeit zu einer Gruppe zu signalisieren und sich gegen andere Gruppen abzugrenzen: Scheier und Held nennen in ihrem Buch „Wie Werbung wirkt" den Koffer des strebsamen Jurastudenten, das Tuch und die Perlenohrringe der angehenden Juristin, die Sandalen des Pädagogen und den Kugelschreiber in der Brusttasche des Mathematikers. „Vorurteile!", sagen Sie? Mitunter sind sie das, aber tatsächlich sind sie wichtige Ausdrucksmöglichkeit dieser Menschen und hoch wirksam, weil wir deren Bedeutung teilen. Einmal gelernt, entfalten Symbole ihre Wirkung, ohne dass wir dies mitbekommen. Sie vermitteln blitzschnell und auf der hoch leistungsfähigen 11-Millionen-Bit-Spur (Kapitel 1.4) wichtige Informationen für unsere Bewertung der Person. Sie stützen deren Vorstellungsbild, das wir von ihnen haben.

Das Arbeitsleben ist voll von bedeutenden Symbolen: Das Einzelbüro, der Dienstwagen, die Business Class im Flugzeug, die eigene Assistentin, der Titel auf der Visitenkarte, das Spesenbudget, die Firmenkreditkarte und Kunst im Büro. Wenn ein Mensch im Arbeitsleben diese Symbole nutzt, müssen wir deren Bedeutung kennen und diese positiv werten, damit sie uns beeindrucken. Ärzte tragen oft eine Goldrandbrille – (es stimmt meist, achten Sie beim nächsten Arztbesuch darauf!). Ein Mann trägt eine Fliege, um uns zu zeigen, dass er nicht mit der Norm geht. Wir könnten dieses Symbol allerdings auch als Zeichen der Unreife oder als Wichtigtuerei werten.

Symbole können kulturübergreifend wirken, wie im Fall von Tieren, die wir auf der Krawatte einer Person sehen; zum Beispiel steht der Löwe für Eigenschaften wie Kraft und Überlegenheit. Symbole gibt es auch in Subkulturen, wie zum Beispiel dem Management, der Forschung und der Werbeabteilung. Deren Symbole, wie die schwarze Kleidung der Kreativen, erschließen sich oft nur dieser Gruppe.

Kleidung ist eine Symbolsprache, die von der Zeit und der Kultur geprägt ist, in der eine Person lebt, und die die Mitglieder einer Gemeinschaft nutzen, um ihre Bedeutung zu vermitteln: Im Arbeitsleben sind dies dunkle Anzüge (mit Weste) von Managern, der Blaumann der Arbeiter und der Arztkittel. Um die Bedeutung solcher Symbole zu entschlüsseln und einzuordnen, müssen wir sie gelernt haben. Von diesen Symbolen und deren Bedeutung schließen wir dann auf die gesamte Person. Sehen wir zum Beispiel das Bild eines ehemaligen Mitarbeiters, können wir anhand der Kleidung sagen, aus welcher Zeit dieses Bild stammt. Genau so können wir sagen, in welchem Kulturkreis dieser Mitarbeiter gelebt hat, in welcher Lebenswelt (Milieu). Anhand von Symbolen wie Uhr und Aktentasche könnten wir auf die gesellschaftliche Position der Person schließen oder zumindest auf jene, die diese Person gern hätte. Durch die Werbung lernen wir, welche Eigenschaften der typische Träger hat und ob das Tragen der Uhr Spaß oder Neid auslösen soll.

Apropos Uhr: Durch die Massenmedien ging die Geschichte vom Foto des ehemaligen Vorstandsvorsitzenden von Siemens, Klaus Kleinfeld. Was war geschehen? Die Presseabteilung von Siemens hatte ein offizielles Foto von Kleinfeld an alle Zeitungen in Deutschland verschickt. Dort stutzten die Fotoredakteure, denn sie hatten schon kurze Zeit vorher ein Foto erhalten, das diesem sehr ähnlich sah. Beim genauen Betrachten entdeckten sie den Unterschied: Auf dem alten Foto trug Kleinfeld eine Rolex-Uhr an seinem Handgelenk, auf dem neuen fehlte sie, sie war wegretuschiert. Dies löste einen kleinen Skandal aus, dessen Grund nicht die Tatsache war, dass Kleinfeld eine solche Uhr trug, die er sich zweifelsohne leisten konnte, sondern dass sie plötzlich fehlte. Einer der Kommentare wies darauf hin, dass jene Manager eine Rolex-Uhr tragen, wenn sie auf dem Weg nach oben sind. Oben angekommen wären andere Uhren ein angemessenes Symbol – soviel zur genau bestimmten Bedeutung von Symbolen.

4.8   Wir erleben Menschen im Rahmen

Mit der Person nehmen wir auch den Rahmen wahr, in dem sich die Person bewegt. Wir bewerten und speichern diesen samt Gefühlen und Körperzuständen ab. Zu diesem Rahmen gehört die Umgebung, in der wir der Person begegnen, sensorische Einflüsse wie Licht, Wärme, Farben und die Stimmung, wie zum Beispiel Erregung oder Langeweile, die diesen Ort kennzeichnen. Wir speichern die Stimmung ab, die wir bei der Begegnung mit der Person hatten, und rufen auch diese ab, wenn wir uns an die Person erinnern. Befinden wir uns in einer bestimmten Stimmung, neigen wir dazu, uns an jene Person zu erinnern, die wir mit dieser Stimmung gespeichert haben.

Wir könnten die Begegnung mit Menschen im Arbeitsleben vergleichen mit der Inszenierung im Theater, denn zum einen inszenieren sich Menschen, bewusst und unbewusst, um auf uns zu wirken; zum anderen nehmen wir den Menschen ganzheitlich wahr mit allen Informationen, die uns die Person, deren Handlung und die Umgebung liefert: Wir sehen sie quasi als Handelnden, die Bühne mit Requisiten sowie die Handlung. Von diesen Inszenierungen nehmen wir sehr viele Eindrücke auf, von denen wir uns nur an einen winzigen Bruchteil bewusst erinnern können. Der Großteil bleibt in unserem Unbewussten verborgen, wie zum Beispiel die Wirkung der Raumgestaltung (denken Sie an das Beispiel des Allzweckreinigers mit Zitrusduft in Kapitel 4.4).

4.8.1 Die Bühne als Rahmen

Menschen im Arbeitsleben erleben wir wie auf einer Bühne: ob diese Bühne das eigene Büro ist, die Kantine, die Werkshalle, die Börse oder das internationale Parkett. Wir können sie dort persönlich treffen oder dort auf einem Bild sehen (siehe hierzu ausführlich Kapitel 6). Denken Sie an einige Menschen an Ihrem Arbeitsplatz: Sie werden sich an sie immer in deren Umfeld erinnern, sei es ein Büro, die Kantine, das Labor und die Werkshalle.

Orte können selbst Bedeutungsträger sein, wie der Ort der jährlichen Jubiläumsfeier des Unternehmens. Den Ort verbinden wir mit allen Eindrücken, die dieser in unseren Sinnen hinterlassen hat, wie im Fall des Betriebsfestes, auf dem wir die Person getroffen haben. Bedeutende Orte und Menschen speichern wir zudem in unserem episodischen Gedächtnis, in dem wir unsere bildhaften Erfahrungen ablegen. Genauso könnten uns unsere Vorstellungen vom Firmenchef prägen, wenn wir Fotos von ihm in der Natur oder in einer Nobelkarosse erinnern.

Solche Bühnen wirken mitunter enorm darauf, wie wir die Person speichern und wie wir uns an sie erinnern: Hätten Sie gedacht, dass Sie eine Person in einer angenehmen Atmosphäre positiver erleben und in Erinnerung behalten als in einer unangenehmen? Allein die angenehme Gesprächsatmosphäre führt schon dazu, dass wir den Menschen positiver speichern, als wir dies in einer neutralen Situation getan hätten. Dies geschieht, weil unser Gehirn gleichzeitig auftretende Reize gemeinsam und mit den damit verbundenen Gefühlen und Körperzuständen abspeichert (siehe Kapitel 1.1). Dies ist wohl einer der Gründe, warum uns im Urlaub Personen sympathisch sind, mit denen wir im Alltag nichts anfangen können. Die Assoziation mit positivem Dingen ist eines der einfachsten Sympathieelemente.

Menschen können sich an einem angemessenen Ort für uns inszenieren, der deren Bedeutung unterstreicht. Nicht ohne Grund lassen sich Firmenchefs gern vor ihrem Firmensitz ablichten. Wo liegt deren Büro: In einem Hochhaus? Dann befindet es sich meist im oberen Stockwerk. Wie groß ist es? Wie viele Fenster hat das Zimmer? Welche Bilder hängen an der Wand? Sitzen sie beschützt hinter einem Schreibtisch und wir auf einem Stuhl weit weniger beschützt vor ihnen? Alle diese Indizien geben uns Aufschluss darüber, welchen Rang die Führungskraft im Unternehmen einnimmt und demzufolge, wie wir ihr begegnen sollten. Mitunter können wir dies in Schriftstücken nachschlagen: Mir liegt das Verzeichnis eines Unternehmens vor, das vorsieht, ab welchem Dienstgrad einem Mitarbeitenden Grünpflanzen zustehen, wie viele Fenster und welches Möbelprogramm. Dass diese Ordnung nicht sinnvoll sein muss, zeigt das Beispiel, dass einem Hauptabteilungsleiter sechs Schränke zustehen, obwohl die Ordner sicher bei dessen Sekretärin untergebracht sind.

Zur Inszenierung des Ortes gehört nicht nur seine Lage, sondern auch die Möglichkeit, den Ort mit Requisiten, also weiteren Symbolen auszustatten, wie zum Beispiel Farben, Gerüche, Stoffe und anderes Material, die uns vor allem unbewusste Informationen über die Person liefern sollen.

4.8.2 Menschen in Geschichten

Eine sehr wirksame Möglichkeit, Menschen im Arbeitsleben kennen zu lernen, sind Geschichten. Unser Gehirn hat eigene neuronale Netzwerke, die sich um das Speichern von Geschichten kümmern – Gedächtnisforscher sprechen vom episodischen Gedächtnis. In diesem Gedächtnissystem legen wir Geschichten ab von Menschen im Arbeitsleben und unsere eigenen Lebenserfahrungen, wie die Erinnerung an den ersten Arbeitstag; daher nennen einige Wissenschaftler dieses Gedächtnissystem biografisches Gedächtnis. Dieses Gedächtnissystem kann über viel Platz verfügen, weil es für unser Leben sehr wichtig ist, auf dieses Wissen zuzugreifen.

Schon von Kindesbeinen an lernen wir die Welt durch Geschichten kennen, die wir auf dem Schoß unserer Eltern und Großeltern gehört haben. Wir erfahren, welche Konflikte es in der Welt gibt und nach welchen Regeln diese Konflikte ausgetragen und gelöst werden. Zum Beispiel siegt das Gute über das Böse, das Hässliche kann sich in das Schöne verwandeln, wie im Fall des Frosches, der zum Prinzen wird. Auf diese Weise erleben wir Dinge, die weit über das unmittelbar Gesagte hinausgehen. Später können wir anhand des Gelernten prüfen, ob wir unsere eigenen Konflikte mit diesen aus Geschichten gelernten Mustern und Erfahrungen lösen können. Auch heute noch spielen Geschichten für unser Lernen die essenzielle Rolle: Wir lernen nach wie vor durch Geschichten, zum Beispiel von Menschen, Unternehmen und Marken. Im IMAS International Kommunikationsbarometer 2005 gaben die Befragten an, dass sie Werbung mögen, die zum Schmunzeln anregt und die eine unterhaltsame Geschichte erzählt.

Menschen im Arbeitsleben lernen wir sehr gut kennen, wenn sie uns Geschichten über sich erzählen oder wenn wir Geschichten von ihnen hören: Erfolgsgeschichten, Geschichten aus dem Lebenslauf, Geschichten über ihre Arbeit und ihre Leistungen, Geschichten über begeisterte Kunden, Geschichten über Lebensereignisse. Durch das Erzählen von Geschichten erfahren wir die Beweggründe des anderen, seine Träume und Visionen, seine Erfolge und Misserfolge, die Motive seiner Mitarbeiter und Kunden, seine Hoffnungen und Vorbehalte, Risiken und Chancen. Kurzum: Der Stoff, aus dem dessen Geschichte gemacht ist!

Geschichten aus dem Arbeitsleben sind aufregende Erzählungen über Menschen und deren Leistungen, über Mitarbeitende und Kunden. Wer kennt sie nicht: Die Geschichten von der Firmengründung in der Garage bis zum Einzug in die Wall Street? Andere erzählen uns die Geschichte ihres Berufserfolgs: Welches Problem hatten sie? Welchen Auftrag? War es, ein Produkt neu am Markt einzuführen? War es, die Qualität im Unternehmen zu steigern? Konflikte steigern die Spannung in der Geschichte: Welche Hindernisse haben sich ihnen in den Weg gestellt? Welche Herausforderungen hatten sie zu meistern? Gab es Konflikte mit den Kunden? Oder mussten Mitarbeiter überzeugt werden?

Geschichten können uns begeistern und unser Interesse halten: Beispiel sind die Brüder Samwer, die – kaum älter als 20 Jahre – Geldgeber begeisterten, Millionen in das Auktionshaus Alando zu investieren, das sie später an Ebay verkauften. Sie stiegen hoch vermögend aus und gründeten den Klingeltonanbieter Jamba. Solche Erfolgsgeschichten wirken sich auf den Börsenkurs dieser Unternehmen aus: Experten schätzen, dass 40 bis 60 Prozent des Aktienwertes durch Kommunikation von Erfolgsgeschichten bestimmt sind, sogenannten „success stories". Geschichten wirken auch nach innen, indem sie Gemeinschaften formen: Bis heute wird die Geschichte von Firmengründer Bill Hewlett erzählt, der durch sein Unternehmen ging, mit seinen Mitarbeitern sprach und immer eine offene Tür für sie hatte. Carl Zeiss zerstörte Mikroskope, wenn sie nicht seinen Qualitätsansprüchen genügten. Solche Geschichten prägen bis heute das Denken und Handeln der Mitarbeitenden in diesen Unternehmen.

Warum wirken Geschichten so stark?

- Geschichten lösen Aufmerksamkeit aus: Wenn uns jemand eine Geschichte erzählt, dann hören wir lieber zu, als wenn uns jemand eine Information neutral berichtet. Je höher die Aufmerksamkeit, die eine Geschichte erzielt, und je emotionaler desto stärker die Erinnerungsleistung.

- Geschichten halten unser Interesse: Wir orientieren uns sehr stark am Handeln anderer Menschen – „Wie machen es die anderen?" und: „Wie werde ich mich fühlen, wenn ich dies so tue?" – fragt sich unser Gehirn beim Hören und Miterleben von Geschichten.

- Geschichten transportieren eine Botschaft in informierender und unterhaltender Form. Jede Geschichte hat eine Kernaussage, an der wir uns orientieren können: „Und die Moral von der Geschichte...". Diese Kernaussage bleibt nicht abstrakt, sondern wir können sie durch die Erzählung erleben und besser erinnern.

- Geschichten sprechen an und gefallen: Geschichten transportieren ausgezeichnet die emotionale Bedeutung einer Information. Dies ist essenziell, damit wir eine Information aufnehmen und speichern. Faszinierende Geschichten regen unser limbisches System an, sie wirken stark und lang anhaltend.

- Geschichten beziehen uns ein: Geschichten sind Erzählungen, von denen wir wissen wollen, wie sie weitergehen. Geschichten sind unter anderem deshalb wirksame Bedeutungsträger, weil wir sie aufgrund der Spiegelneuronen spontan miterleben können (siehe Kapitel 7.3). Es besteht deshalb kaum ein Unterschied zwischen erlebten und erzählten Geschichten, denn wir müssen eine Geschichte miterleben, simulieren, um sie zu verstehen. Hinzu kommt, dass Geschichten sehr effiziente Bedeutungsträger sind, wie das Beispiel von Anita Roddick zeigt, die als Gründerin des Body Shop für soziale Gerechtigkeit kämpft.

- Durch Geschichten erleben wir den Menschen in seiner Gesamtheit; Geschichten können alle Sinne ansprechen, deshalb verankern sie sich so gut in unserem Gedächtnis (siehe Kapitel 1.1).

- Wir lernen an konkreten Beispielen. Das Lernen von Geschichten von Menschen im Arbeitsleben erleichtert uns, dass diese bildhaft erzählt sind. Bildhafte Begriffe speichern wir in zwei getrennten Bereichen des Gehirns, zum einen als Wort und zum anderen als Bild, wie im Fall des Wortes ‚Baum'.

Dieses doppelte Speichern, Experten sprechen von ,dualer Kodierung' be-
wirkt ein stärkeres Verankern. Besonders das Entstehen von inneren Bildern
wirkt stark auf unser Verhalten (siehe Kapitel 8.2).

■ Wir erinnern uns sehr lang an Geschichten, die uns stark angesprochen und
die starke Emotionen in uns ausgelöst haben. Von guten Geschichten können
wir nicht genug bekommen. Sie verankern sich nachhaltig in unserem Gedächtnis und fallen uns zu bestimmten Anlässen immer wieder ein.

Geschichten über das Handeln von Menschen

Geschichten wirken über die interessanten und unterhaltenden Handlungen, die
sie erzählen. Warum ist dies so? Wir beurteilen andere Menschen besonders
stark nach ihrem Verhalten. Der Mensch muss durch sein Verhalten einlösen,
was er uns versprochen hat. Sein Verhalten muss zu seinem sonstigen Erschei-
nungsbild passen, damit wir ihn als stimmig erleben. Nicht umsonst ist Vorleben
am glaubwürdigsten und hilft anderen, Verhalten zu imitieren. Viele Manager
beklagen sich über den zunehmenden Egoismus unter ihren Mitarbeitern. Was
sie übersehen: Egoismus ist in jenen Unternehmen besonders ausgeprägt, deren
Vorstände und Führungskräfte dies vorleben. Wer also auf der einen Seite das
Sparen predigt, aber sein eigenes Gehalt übermäßig steigert, ist nicht glaubwürdig. Manager müssen ihre Werte leben und uns vorleben. Wie also verhält er
sich gegenüber seinen Mitarbeitern: Ist er offen für deren Vorschläge und ge-
sprächsbereit? Geht er auf seine Mitarbeiter ein? Wie verhält er sich gegenüber
seinen Kunden? Richtet er sein Verhalten nach ihnen aus? Hält er Qualitäts-
grundsätze ein? Verhält er sich ehrlich, solide und transparent? Wie verhält sich
der Mensch gegenüber Aktionären und Geldgebern: Kommuniziert er offen und
glaubwürdig? Steigert er den Unternehmenswert? Steht er im Dienst seines
Unternehmens, seiner Aktionäre und Geldgeber? Wie verhält er sich gegenüber
gesellschaftlichen Gruppen: Wie verhält er sich gegenüber kulturellen Interessen, gegenüber Ökoproblemen, dem Fortschritt in Wissenschaft und Technik
und dem sozialen Wandel? Geschichten können uns dies höchst wirkungsvoll
erzählen und ihre enorme Wirkung entfalten.

Konflikte aktivieren besonders stark

Besonders aktivierend ist diese Handlung, wenn sie einen Konflikt zum Thema
hat: Der Mensch kämpft gegen Angst und Unsicherheit, gegen Eintönigkeit und
Langeweile oder gegen Unterlegenheit und Wut – dies sind jene Motive, die Sie
in Kapitel 2.1 kennen gelernt haben. Die Lösung dieses Konfliktes besteht aus
Alternativen, die der Mensch ergreifen kann. Am Ende der Handlung steht meist

das ‚Happy End‘, also die gelungene Lösung. Somit bestehen gute Handlungen aus dem Wandel – zum Beispiel vom Armen in den Reichen, vom Dummen in den Klugen, vom Schüchternen in den Selbstbewussten.

Von Menschen können wir uns jene Geschichten aussuchen, die uns am besten gefallen: Träumen wir – wie Millionen von Menschen weltweit – den US-amerikanischen Traum vom Tellerwäscher zum Millionär, dann lieben wir die Geschichte von Arnold Schwarzenegger, dem schüchternen, dünnen steirischen Jungen, der auszog, um Weltmeister im Bodybuilding zu werden und dann die USA zu erobern. Derzeit ist er Gouverneur von Kalifornien und, sollte die Verfassung geändert werden, dann trauen ihm viele zu, Präsident der Vereinigten Staaten von Amerika zu werden. Mit seinem Lebensweg können wir uns identifizieren und wenn wir ihn selbst nicht leben können, dann lebt ihn ‚Arnie‘ für uns.

Rollen helfen uns, Personen und deren Handeln in Geschichten zu verstehen, weil wir solche Stereotype beziehungsweise Muster schon kennen (siehe Kapitel 1.2): Es gibt den Freund, den Berater, den Kumpel, den Partner, den Entdecker, den Erfinder, den Eroberer. Zum Beispiel nutzte Ed Koch seine Rolle als Retter der Stadt New York gegen die Kriminalität. Karlheinz Böhm ist Helfer der Armen (Robin Hood) in Äthiopien. Utz Claassen, Ex-EnBW-Chef, ist der knallharte Sanierer. Reiner Neumann und Alexander Ross haben in ihrem Buch folgende typische Rollen für Führungskräfte aufgeführt:

- der Trendsetter, der jetzt schon nutzt, was noch keiner hat,

- der Senior, der schon alles erlebt und viele Geschichten zu erzählen hat,

- der Querdenker, der stets eine ungewöhnliche Sichtweise beisteuert,

- der Menschelnde, der in Worte fassen kann, was alle fühlen und denken,

- der Nachdenkliche, der die Folgen stets eher im Blick hat als andere,

- der Netzwerker, der alle und jeden kennt und daher weiß, was abläuft.

Richard Branson, Chef von über 200 Unternehmen, ist der Kumpel. In seiner Biografie erfährt der Leser, wie er sich von einer kleinen Wohnung mit Matratze zum Milliardär hochgearbeitet hat, ohne seine Bodenständigkeit zu verlieren. Branson ist beliebt wie kaum ein anderer milliardenschwerer Firmenboss. Anita Roddick vom „The Body Shop“ hat die Geschichte ihres Kampfes als Robin Hood erzählt.

Das unbewusste Verstehen erleichtern auch Mythen als Urgeschichten. Wir finden sie immer wieder in der Werbung, wie im Fall des Paradies-Themas. Diese Grundmuster bleiben, auch wenn sie immer neu umgesetzt sind. Weitere

Beispiele für solche Urgeschichten sind der Kampf von David gegen Goliath, also der Kleine gegen den Großen (Greenpeace), die Geschichte vom Retter in der Not (Ed Koch), jene des Siegers (Google), von Phönix aus der Asche und der Wandel vom hässlichen Entlein zum schönen Schwan (Dale Carnegie).

Die IDS Scheer erzählt seit 20 Jahren die beispiellose Geschichte des Aufstiegs, also des ‚American Dream'. August-Wilhelm Scheer gründete 1984 das Unternehmen als Vollblutwissenschaftler. Scheer machte vor, wie auch in Deutschland aus der Forschung ein wachstumsstarkes Unternehmen entstehen und im IT-Markt international erfolgreich sein kann. Der Professor wird zum Vorzeigeunternehmer und seine Firma zum zweitgrößten deutschen Anbieter für Unternehmenssoftware. Die Geschichte des Unternehmens ist sehr eng an die Person des Firmengründers geknüpft: Scheer, ein Mensch mit Verantwortung, Engagement und Leidenschaft. Der Wissenschaftler Scheer steht für Grundlegendes und Innovatives aus der Wirtschaftsinformatik und Trends in der Ausbildung. Er hat Bücher geschrieben und viele Ehrungen und Auszeichnungen erhalten. Innerhalb der Professorenschaft ist er umstritten durch seinen Geschäftserfolg. Umso besser eignet er sich für das Thema: Wie die Hochschulen reformieren? Der Unternehmer Scheer kommentiert Marktentwicklung, er verdeutlicht seine Vision, Ziele und Unternehmensstrategie. Er hat Auszeichnungen erhalten und wurde zum „Entrepreneur des Jahres" ernannt. Der Bürger Scheer engagiert sich in politischen Kommissionen, Verbänden, Institutionen. Als Jazzmusiker zeigt er die private, emotionale Seite des Denkers und Machers. Hieraus hat sich „Jazz als Organisations- und Managementthema" entwickelt. Seine Kampagne lautet: Was Manager von Jazzmusikern lernen können.

Wie wir Rollen und Mythen gelernt haben, so geht es auch mit Riten, also dem feierlichen, schematischen, symbolischen Brauch. Jeder Ritus stellt für sich eine Kulthandlung dar, eine allgemein verbreitete Gewohnheit, eine durch ständiges Wiederholen selbstverständlich gewordene Handlung oder Eigenheit. Symbole und Rituale fungieren als „Steuerzeichen unserer Kultur". Sie bilden Verständigungscodes, als unbewusste Bedeutungen, die wir einer Sache beimesse: Symbole sind Bedeutungscodes, Rituale sind Handlungscodes.

Das Ergebnis starker Geschichten über Menschen sind innere Bilder, die spontan in uns entstehen, wenn wir an diese Menschen denken. Solche inneren Bilder sind stark verhaltenswirksam, hat die Forschung herausgefunden (siehe ausführlich Kapitel 8.2).

4.9   Der Mensch als Mosaik aus Reizen

Wir begegnen einem neuen Menschen: Wir sehen, wie er aussieht, wie riechen ihn, er schüttelt uns die Hand, wir hören, was er sagt. Viele Informationen erreichen hierdurch unser Gehirn: Die Stimme ist laut oder leise, die Haltung der Arme zeigt Achselzucken oder die Hände sind in der Hüfte gestemmt, der Gesichtsausdruck ist entspannt oder verkniffen, die Hautfarbe ist rot oder blass. Diese Signale verarbeitet unser Gehirn extrem schnell, es verarbeitet extrem viele Signale und dies fast alles, ohne dass es uns bewusst wird.

Die Sinne arbeiten hierbei Hand in Hand: Der visuelle Eindruck von Menschen ist als neuronales Netzwerk mit anderen Eindrücken verbunden (siehe Kapitel 1.1): Sämtliche Eindrücke einer Person kann deren Foto aktivieren, aber auch den Duft, den wir mit dieser Person gespeichert haben. Unsere Sinnesorgane ergänzen sich zum ganzheitlichen Erlebnis dieses Menschen. Hierbei gibt es interessante Effekte: Einer ist, dass der Blick auf das Foto einer Person andere Sinneseindrücke aktivieren kann, zum Beispiel einen bestimmten Duft, wenn die Person einen Rosenstrauß in den Händen hält.

Wie entsteht aus den Einzeleindrücken eines Menschen ein Gesamtbild? Unser Gehirn empfängt Informationen von den Sinnesorganen auf ganz unterschiedlichen Kanälen. Erst durch deren Kombination entsteht ein einheitliches Gesamtbild der Umwelt, Fachleute nennen dies sensorische Integration. Diese Integration erfolgt schon früh in der neuronalen Reizverarbeitung: Auch Hirnzentren, die auf einen einzelnen Sinn spezialisiert sind, nutzen Informationen aus anderen Sinneskanälen und tragen so zum sinnvollen Verschmelzen der Eindrücke bei. Ein Beispiel für diese Kreuzung der Sinne: Gebiete eines übergeordneten Hörareals verarbeiten auch visuelle und taktile Reize. Augen und Finger hören sozusagen mit.

Ein Beispiel aus der Sprachwahrnehmung: Wörter werden zum einen akustisch übermittelt, zum anderen bewegen sich die Lippen, was uns weitere wertvolle Informationen unbewusst liefert. Eine Studie von Gemma Calvert an der Oxford Universität im Jahr 2001 zeigt, dass die Wahrnehmung von Sprache die Aktivität des Hörsystems und des Sehsystems stärkt, weil hörbare und sichtbare Reize gleichzeitig im Gehirn eintreffen. Das Bewegen der Lippen scheint schon früh das Verarbeiten der Hörsignale zu unterstützen. Umgekehrt haben auch die gehörten Worte auf die visuelle Analyse der Lippenbewegungen gewirkt. Dieses Ergebnis überraschte, da die Forschung bisher davon ausging, dass die Hirnregionen für Hören und Sehen getrennt liegen. Überraschend ist auch, dass allein das stumme Bild des Sprechers schon unsere Hörrinde messbar erregt, auch wenn der Sprecher nur sinnlose Fantasiewörter aufsagt. Grimassen ließen übrigens die Hörrinde kalt.

Alle Eindrücke, die unsere Sinne von einer Person erhalten, setzt unser Gehirn ähnlich einem Mosaik zu einem Gesamteindruck zusammen. Die einzelnen Sinne sind am Gesamteindruck unterschiedlich stark beteiligt, am wichtigsten ist das Sehen (siehe Kapitel 3). Unsere Sinne kommunizieren untereinander, wenn wir einem Menschen begegnen. Einige Sinne erfassen die Person gemeinsam: Die Form eines Menschen lässt sich sehen und fühlen; andere Sinne erfüllen eine Aufgabe allein: Die Anzugfarbe können wir sehen und nur unser Geruchssinn ihn riechen. Fest steht: Die Sinne addieren oder subtrahieren sich nicht gegenseitig, sondern sie beeinflussen sich gegenseitig eng.

Auch bei unseren Sinnen ist unser Gehirn ausgelegt, die Bedeutung von Mustern zu erkennen: Je stimmiger die Bedeutung des Musters aus allen Sinnen, desto stärker wirkt dies in unserem Gehirn. Wenn Informationen aus einem Sinn eine Bedeutung nahe legt, reicht das für unser Gehirn meist nicht aus: Erst wenn auch die anderen Sinne die gleiche Bedeutung transportieren, kann das Muster wirken. Nervenzellen feuern im Gehirn bis zu zehnmal stärker, wenn sie über mehrere Sinne angesprochen sind. „Eins und eins ergibt dann nicht mehr zwei, sondern zehn", bringt dies Neuropsychologe Christian Scheier auf den Punkt. Menschen wirken demnach wesentlich stärker auf uns, wenn sie alle unsere Sinne ansprechen und wenn alle sensorischen Codes dieselbe Bedeutung in sich tragen und somit das gleiche Bedeutungsmuster transportieren.

Was passiert, wenn die Eindrücke beim Zusammensetzen nicht zueinander passen: Andere Menschen können uns ihre Gefühle nur schwer vortäuschen, denn am Ausdruck sind zahlreiche Gesichtsmuskeln beteiligt, von denen wir nicht alle bewusst steuern können (siehe Kapitel 4.2.1). Neben dem Gesichtsaudruck gibt die gesamte Körpersprache unseres Gegenübers Hinweise darauf, was die Person tatsächlich fühlt. Täuscht sie uns Lockerheit vor oder falsche Betroffenheit bei der Mitteilung einer schlechten Nachricht, können wir dies schnell erkennen.

Die Psychologin Maja Storch hat sich mit dem Zusammenhang von Gefühlen und Körper intensiv beschäftigt: „Wenn ein Mensch echte Gefühle hat, die er auch wirklich empfindet, äußert sich das in Bewegungen der Gesichtsmuskulatur, die teilweise nur für die Dauer von Sekundenbruchteilen auftauchen, die aber trotzdem von anderen Menschen wahrgenommen und interpretiert werden. Diese Wahrnehmung und Interpretation findet oft unbewusst, durch unser emotionales Erfahrungsgedächtnis, statt, so dass wir gar keine genaue Auskunft darüber geben können, warum ein bestimmter Mensch glaubhaft oder unglaubhaft wirkt. Die gefühlsmäßige Einschätzung über die betreffende Person sitzt jedoch meistens bombenfest."

5. Perfektion oder Echtheit: Schluss mit dem Theater

Menschen im Arbeitsleben entstehen in unserem Kopf als Zusammenspiel von Eindrücken der Person sowie unserer Interpretation und Bewertung. Als Einheit nehmen wir Verstand, Gefühl und Körper des anderen wahr, wenn sie uns widerspruchsfreie Eindrücke liefern. Stimmen dessen Aussehen, Sprache und Handeln nicht überein, kann dies dazu führen, dass wir diese Widersprüche wahrnehmen und irritiert sind. Wir haben kein klares Vorstellungsbild von der Person und davon, was wir von ihr und ihrem Handeln zu erwarten haben. Wie wichtig jedoch das klare, das widerspruchsfreie Vorstellungsbild von einem anderen Menschen für uns ist, zeigen viele Forschungsergebnisse: Die Klarheit des Vorstellungsbildes, hierin sind sich die Forscher weitgehend einig, entscheidet maßgeblich über unser Verhalten einem Menschen gegenüber. Aufgrund dieser Bedeutung geht Kapitel 8 ausführlich auf das Vorstellungsbild und die Bedeutung seiner Klarheit ein. Was bedeutet dies an dieser Stelle für unser Thema?

Viele Menschen versuchen, auf uns ‚perfekt' zu wirken. Sie listen Stärken und Schwächen auf, die sie in ihren eigenen Augen haben – ob sie dies tatsächlich können, ist ohnehin fraglich, weil sie nur sehr begrenzten Zugriff auf sich haben, weil sich vieles unbewusst abspielt; dann erstellen sie Programme, wie sie uns noch stärker beeindrucken können. Manche legen sich sogar unter das OP-Messer – jede noch so kleine Unebenheit lassen sie sich entfernen und jede kleinste Falte mit Botox unterspritzen. Aber ist es wirklich entscheidend für uns, dass unser Gegenüber tadellos daherkommt? Die Antwort lautet eindeutig: nein! Attraktivität ist zunächst zwar wichtig, doch Menschen, die als perfekt gelten, bezahlen dies auf Dauer oft mit einem Außenseiterdasein, denn wer liebt perfekte Menschen?

Unsere kleinen Schwächen machen uns menschlich. Sie zeigen den anderen, dass wir zu ihnen gehören, weil wir genau so unvollkommen sind wie sie. Zu seinen kleinen Schwächen zu stehen, ist Ausdruck unserer eigenen einzigartigen Persönlichkeit – und der vertrauen wir eher als einer ‚perfekten', aber gekünstelt wirkenden. Die verstorbene brandenburgische Politikerin Regine Hildebrandt bleibt uns im Gedächtnis, weil sie so echt war: Sie redete zu viel und zu schnell, aber sie hatte das Herz am rechten Fleck, wie der Volksmund sagt, und dies macht sie für uns unvergesslich. Und Angela Merkel? Wer sie in Reportagen und Dokumentation aus den 1990er-Jahren sieht, entdeckt eine schüchterne, unsichere Frau, man möchte sagen: mädchenhaft. Dies soll sich bis heute geändert haben? Ich vermute: Nein. Wer darauf achtet, sieht in vielen spontanen Reaktionen noch immer die Persönlichkeit, die wir vor einigen Jahren noch wesentlich unverfälschter wahrgenommen haben. Unsere Bedenken werden auch dadurch genährt, dass wir keinen Blick hinter die Fassade der Politikerin erhalten, zum Beispiel durch authentische Berichte aus ihrem Privatleben.

Wie wichtig solche Einblicke für unsere Urteilsbildung sind, zeigen Studien, nach denen 70 Prozent hinter die Fassade eines Firmenchefs blicken wollen. Wir wissen: Der Firmenlenker spielt seine Rolle, die starken Konventionen entspricht. Dies zeigt sich schon daran, dass wir immer die gleichen Fotos von Managern sehen: Dunkler Anzug, versteinertes Gesicht, sitzend am (aufgeräumten!) Schreibtisch, Brille oder Kuli in der Hand. Wir suchen in solchen austauschbaren Inszenierungen Hinweise auf die tatsächliche einzigartige Persönlichkeit des Unternehmers, damit wir entscheiden können, ob wir ihr vertrauen oder nicht. Diese Suche nach dem authentischen Menschen ist der Grund dafür, dass in den vergangenen Jahren das Interesse an sogenannten ‚Home-Stories‘ gestiegen ist, in denen wir Wirtschaftsbosse und Politiker in ihrem häuslichen, privaten Umfeld erleben sollen – auch wenn diese Fotogeschichten meist dann doch inszeniert sind.

Perfektion erwarten wir von Stars aus Hollywood. Wir genießen diese und sie birgt für uns kein Risiko. Wie der Star hinter seiner Fassade tatsächlich ist, interessiert uns nicht. Der Star muss die Perfektion bedienen. Entdecken wir im Star einen durchschnittlichen Menschen, ist er für uns kein Star mehr. Anders im Wirtschaftsleben: Hier haben die Werte, Entscheidungen und Handlungen anderer Menschen eine wichtige Bedeutung für uns – vom Unternehmenschef hängt unsere berufliche Existenz ab. Dessen offen zur Schau getragene Perfektion entlarven wir. Stattdessen wollen wir wissen, wie der Mensch tatsächlich ist, um unser Handeln darauf auszurichten. Nur zu schnell tut sich bei vielen die Kluft auf zwischen der dargestellten Perfektion und der tatsächlichen Schwäche. Wir sind enttäuscht (die Täuschung durch die Person – sei sie bewusst oder unbewusst – ist aufgedeckt). Wir wissen nicht, ob wir uns auf die Person verlassen können. Wir nehmen das Risiko als höher wahr, von ihr enttäuscht zu werden – unser Vertrauen sinkt.

Apropos: Wer kennt sie nicht, die geklonten Jungdynamiker in bundesdeutschen Unternehmen. Jung, Anzug, Auslandsstudium, unauffällig. Zwar gut zu steuern, aber schrecklich uninteressant, weil sie keine Persönlichkeit haben. Aussehen, Ansichten und Verhalten sind höchst vorhersehbar, weil sie einem Muster entsprechen. Wie langweilig! Dann schon lieber solche mit Ecken und Kanten. Sie sind oft nicht wirklich sympathisch, aber wir wissen, woran wir bei ihnen sind.

Preis der Perfektion

Und etwas vorzuspielen, ist aus vielen Gründen problematisch. Ein Grund ist, dass dies den anderen viel Energie kostet: Der Mensch handelt meist automatisiert und ohne zu überlegen; das Gehirn versucht daher, Handlungen möglichst unbewusst ablaufen zu lassen, Bewusstsein sollte die Ausnahme bleiben, wie es Hirnforscher Gerhard Roth ausgedrückt hat (siehe Kapitel 1.4). Können Sie sich angesichts dieser Erkenntnisse vorstellen, wie viel Energie ein Mensch benötigt, ein falsches Bild von sich zu entwerfen und dauerhaft zu leben? Ganz zu schweigen davon, dass dieses Bild jederzeit in sich zusammenbrechen kann, wenn sie in eine neue, unerwartete Situation geraten. Auf Dauer werden diese Konflikte den Menschen krank machen, weil er seine wahre Persönlichkeit leugnet. Die Schweizer Psychologin Maja Storch schreibt: „Wenn man den Menschen in einer Art To-do-Liste antrainiert, wie sie zu lächeln haben, dass sie die Arme nicht vor der Brust verschränken dürfen oder dass sie mit der Faust energisch auf das Rednerpult schlagen müssen, um entschlossen zu wirken, erreicht man in den allermeisten Fällen das Gegenteil von dem, was man beabsichtigt hat. Der Mensch wirkt unecht, die Körpersprache automatenhaft." Wie auch soll dies funktionieren: Der Verstand trifft die Entscheidung, ein Gefühl zu zeigen, das nicht vorhanden ist und das auch noch der Körper zeigen soll! Aber was soll der Körper zeigen, wo nichts ist? Selbst Schauspieler müssen lernen, sich in die Gefühlslage zu versetzen, die die Spielfigur hat, um diese glaubwürdig darzustellen. Sie spielen dann einen Abend lang und sind nach der Vorstellung erschöpft.

So kommt es, dass wir Masken anderer Menschen erkennen, hinter denen sie sich verstecken wollen. Würde deren Verstand tatsächlich die Reaktionen von Gesicht und Körper ausführen wollen, wäre der kleine Arbeitsspeicher des Verstandes hoffnungslos überfordert. Nur in der Einheit von Verstand, Gefühl und Körper bewegen sich die vielen Gesichts- und Körpermuskeln so, dass wir einen stimmigen Gesamteindruck von den Gefühlen der Person haben. Die Hirnforschung zeigt, wie die Handlungsabsicht, die dazugehörigen Gefühlslagen und Denkstile sowie der passende Körperausdruck zu ein und demselben neuronalen Netzwerk gehören. Storch: „Nur dann, wenn dieser Vorgang selbst gestaltet wurde, existiert ein echt individuelles neuronales Netzwerk, denn es wurde an persönliche, bereits vorhandene Gedächtnisinhalte gekoppelt. Und nur dann wirkt das neue Handeln authentisch und nicht antrainiert." Gekünstelte Gesten nehmen wir schnell und unbewusst wahr. Schon eine Gegenfrage oder Unvorhergesehenes wirft unser Gegenüber aus der Bahn. Fazit: Langfristiges Verstellen bringt nichts.

Wer uns also etwas vorspielt, muss sich ständig überlegen, wie er uns gegenüber gemäß seiner Rolle handeln sollte, zum Beispiel als Führungskraft. Dies kostet diesen Menschen enorm viel Energie! Im Lauf der Jahre muss dieser so viel Energie aufwenden, um seine Fassade aufrecht zu erhalten, dass ihm diese Energie für andere Zwecke fehlt, zum Beispiel für die Entwicklung der eigenen Persönlichkeit. Abends kommen solche Menschen müde nach Hause, sie haben oft keine Energie mehr, ins Theater oder zum Sport zu gehen. Schlimmer noch: Fehlende Energie kann den Menschen krank machen, weil der Körper sich nicht regenerieren kann, sondern die Energie benötigt, um sich gedanklich auf das Theater am nächsten Tag vorzubereiten.

6. Menschen im Arbeitsleben auf Bildern

Fotos sind oft das Erste, was wir von einem Menschen im Arbeitsleben sehen, zum Beispiel als Bewerbungsfoto oder ein Foto in der Mitarbeiterzeitung. Fotos haben für den Absender den Vorteil, dass dieser das Foto inszenieren kann – wir sind bei seiner Herstellung nicht anwesend und daher kann er die Herstellung kontrollieren und steuern.

Zur Wirkung von Fotos führten Forscher Anfang der 1990er Jahre eine Studie durch, in der sie 16 Bewerbungsfotos von Studenten einer Schauspielschule einer Gruppe von 19 Beurteilern mit unterschiedlich langer Betrachtungsdauer zeigten. Die Darbietung von 250 Millisekunden genügte, um ein höchst facettenreiches Bild vom anderen entstehen zu lassen: Die Befragten konnten angeben, ob sie jemand als autoritär, sympathisch, gefühlsbetont, hinterhältig, intelligent und langweilig einstufen. Die Eindrücke vom Foto ermöglichten den Befragten zu sagen, ob sie die gezeigte Person als Kollegen, Vorgesetzten, Partner oder Bekannten haben möchten.

Fotos wirken stark auf unsere Meinungen und Einstellungen: Wir schließen zwangsläufig von den äußeren Merkmalen der Person auf dem Foto auf dessen komplexen Charakter. Da wir auf dem Foto nur einen begrenzten Ausschnitt der Person sehen können, zählt ein einziger Ausschnitt der Wirklichkeit für die gesamte Person. Der Eindruck, den das Gesicht hinterlässt, bestimmt den weiteren Verlauf unserer Kommunikation entscheidend mit. Erinnern wir uns an die Studie von Bernd Tischer: Die 98 befragten Personalchefs wollten jene Bewerber zu einem Vorstellungsgespräch einladen, die volles Haar hatten.

Wahrnehmungsbilder sind essenziell für das Vermitteln der Persönlichkeit und die Erinnerung als Gedächtnisbild. Beweis: Denken wir an eine besonders vertraute Person, fällt uns ihr Bild ein. Die Politik nutzt die starke Wirkung von Bildern schon lang. Der ehemalige amerikanische Präsident Ronald Reagan galt politisch als wenig kompetent und er traf viele Fehlentscheidungen; dennoch schadete ihm dies nicht. Er wusste, wo er die Priorität setzen musste: Ein Wahlkampfbegleiter sagte, es sei egal gewesen was die Medien berichten, solange die

Bilder stimmten. Die Studie „Kampa – Meinungsklima und Medienwirkung im Bundestagswahlkampf 1998" kommt überspitzt gesagt zum Ergebnis, dass die Massenmedien Gerhard Schröder zum Kanzler gemacht haben.

Der Grund für die herausragende Bedeutung von Bildern ist, dass wir Bilder leichter wahrnehmen, leichter verarbeiten und länger speichern als Texte:

- Bilder beachten wir vor Texten, dies wird als ‚Picture Priority Effect' bezeichnet (Bilddominanz). Von der Betrachtungszeit einer Anzeige entfallen 76 Prozent auf das Bild, 16 Prozent auf die Überschrift und nur 8 Prozent auf den Text.

- Bilder aktivieren uns, sie ziehen unseren Blick und damit unsere Aufmerksamkeit auf sich. Egal ob wir Webseiten, Zeitungen oder Werbung betrachten: der Blick landet zuerst auf den Bildern.

- Bilder nehmen wir schneller wahr als Texte. Schon der Bruchteil einer Sekunde reicht aus, damit wir uns eine grobe Vorstellung von einem Bild machen können, ein Augenzwinkern reicht aus. Bilder gelten deshalb auch als schnelle Schüsse ins Gehirn.

- Bilder verarbeiten wir automatisch und mit geringer gedanklicher Beteiligung: Um ein Bild mittlerer Komplexität so aufzunehmen, dass wir uns später daran erinnern, sind etwa 2 Sekunden erforderlich. In dieser Zeit nehmen wir nur etwa 6 bis 7 Wörter auf.

- Bilder erinnern wir besser als Texte, denn die höhere Aktivierung des Gehirns stimuliert unser langfristiges Erinnern. Das Gedächtnis für Bilder ist besonders leistungsfähig: In einer Studie sahen die Probanden 2500 Bilder hintereinander, sie erkannten bis zu 90 Prozent richtig wieder, selbst wenn zwischen Darbietung und Wiedererkennen bis zu drei Tagen vergangen waren. Nach einem Vortrag erinnern Zuhörer häufig nur die Bilder und die wichtigsten Schlagworte.

In der Politik, im Sport und in den Massenmedien – Bilder sind in den vergangenen Jahren immer wichtiger geworden. Besonders jene Dinge, für die wir uns weniger interessieren, schauen wir lieber auf Fotos an, als dass wir Texte lesen. Aufgrund dieser stark zunehmenden visuellen Ausrichtung als allgemeiner Gesellschaftstrend sprechen Experten von der „visuellen Zeitwende" (Iconic Turn), die auf das Zeitalter der gesprochenen und der geschriebenen Sprache folgt. Dies ist eigentlich ungenau, denn wir nehmen schon immer über die Augen wesentlich mehr auf als über die anderen Sinne und dramatisch mehr als über den Verstand. Vor allem kulturelle Einflüsse haben diese Erkenntnis zurückgedrängt. Christian Doelker beschreibt dies in seinem Buch „Ein Bild ist mehr als ein Bild" (siehe Serviceteil).

Auch viele Führungskräfte nutzen Bilder, damit wir uns einen Eindruck von ihnen machen: Wenn wir an Hipp Babynahrung denken, fällt uns auch Claus Hipp ein, der uns in der Werbung verspricht, dass seine Produkte aus natürlichen Zutaten bestehen. Richard Branson, Chef des Unternehmens virgin, zeigt immer wieder ungewöhnliche Bilder von sich: Im Heißluftballon, im Judoanzug und sogar im Brautkleid! Journalisten, Kunden und Geschäftspartner lieben diese Auftritte.

Meine Auswertung der Berichterstattung über Dax-Unternehmen in Zusammenarbeit mit Ausschnitt Medienbeobachtung aus dem Jahr 2005 zeigt, dass Unternehmensangehörige das beliebteste Motiv auf Pressefotos von Unternehmen sind: Fast die Hälfte der ausgewerteten bebilderten Beiträge, genau gesagt 43,51 Prozent, ist mit dem Bild von Unternehmensangehörigen versehen – vornehmlich des CEO. Wie wirkungsvoll Menschen als Motiv sind, zeigen andere Studien: Demnach wirkt auf einem Foto – nach dessen Größe – am stärksten, wenn das Foto einen Menschen abbildet. Menschen ziehen unsere Aufmerksamkeit auf sich, sie erhöhen die Betrachtungszeit. Wir orientieren uns an den gezeigten Handlungen. Personalisierung ist einer der Nachrichtenfaktoren für Journalisten, so die Ergebnisse der Nachrichtenwertforschung: Je stärker ein Ereignis personalisiert ist, sich im Handeln oder Schicksal von Personen darstellt, desto eher wird es zur Nachricht.

Welche Bilder wirken besonders stark auf uns? Die Forschung hat folgende Kriterien gefunden:

■ *Attraktivität der Person:*
Blickt uns eine attraktive Person direkt in die Augen, dann aktiviert dies unser Belohnungssystem; umgekehrt hemmt es unser Belohnungssystem, wenn eine attraktive Person an uns vorbeisieht. Diese Wirkung ist unabhängig vom Geschlecht, es spielt also keine Rolle, ob uns ein Mann oder eine Frau auf dem Foto anschaut. Die Natur belohnt uns dafür, dass wir uns eine attraktive Person auf Fotos ansehen (siehe auch Kapitel 4.1).

■ *Bewegungen und Körperhaltungen:*
Als Supersignal wirkt die (leichte) Neigung des Kopfes: Jene Menschen bewerten wir deutlich positiver (siehe Kapitel 4.5.1). Sehr stark wirkt auch, wenn sie sich mit der Hand ans Kinn fasst. Die Studien hierzu zeigen, dass diese Person zwar etwas unsicherer eingeschätzt wird, aber dafür in vielen anderen Sympathiedimensionen deutlich besser abschneidet. Egal, ob die Person auf dem Bild geradeaus blickt, nach oben oder nach unten, immer wird sie als sympathischer beurteilt, wenn sie die Hand vor die untere Gesichtshälfte hält, sie wirkt auf uns zuverlässiger, sympathischer, ehrlicher, vertrauenswürdiger, warmherziger, großzügiger, offener und fröhlicher.

- *Augen und Mund als Vertrauensanker:*
  Auf den Fotos von Menschen beachten wir meist die Augen und den Mund als Erstes. Der Grund ist, dass wir dorthin blicken, wo wir die größte Informationstiefe erwarten – und beim Menschen sind dies die Augen und der Mund. Aus ihnen schließen wir auf die Stimmung der Person, also zum Beispiel darauf, ob uns die Person freundlich gesonnen ist oder ob sie bedrohlich auf uns wirken könnte. Die Augen als Spiegel unserer Seele (siehe auch Kapitel 4.2.2).

- *Lächeln:*
  Lächelt uns eine Person an, so heben auch unsere Gesichtsmuskeln zu einem Lächeln an (siehe auch Kapitel 4.2.1).

- *Perspektive:*
  In den 80er Jahren hatten Wissenschaftler behauptet, dass sowohl die Froschperspektive als auch die Vogelperspektive den Menschen in einem unvorteilhaften Blickwinkel erscheinen lassen. Mittlerweile ist die Forschung weiter: Übereinstimmend gilt die leichte Untersicht als optimal – so, als ob wir fast unbemerkt zu einer Person aufblicken.

- *Handlung und Dynamik:*
  Interessant für uns ist, wenn die Person auf dem Foto eine bedeutende Handlung ausführt. Besonders leicht zu verstehen wäre die Szene für uns dann, wenn wir die Handlung kennen, weil sie einem Schema entspricht, zum Beispiel die Einweihung eines Gebäudes oder das Zerschneiden eines Bandes (siehe auch Kapitel 4.8.2). Obwohl wir nur ein Standbild sehen, kann unser Gehirn aufgrund gelernter Muster (siehe Kapitel 1.2) den kompletten Handlungsablauf zuordnen. Ist die dargestellte Handlung besonders dynamisch, erhöht dies die Wirkung.

- *Interaktion:*
  Wirkungsvoll ist für unser soziales Gehirn, wenn wir den Austausch zwischen Menschen auf dem Foto sehen, weil Beziehungen für den Menschen essenziell sind.

- *Abweichen von der Norm:*
  Das Bild fällt stärker auf, wenn die gezeigte Handlung leicht von der Norm abweicht, zum Beispiel weil der Auszubildende statt des Firmenchefs das Band durchschneidet. Wie langweilig und wenig aktivierend für uns, wenn wir Führungskräfte sehen, wie sie an ihrem leeren (!) Schreibtisch sitzen und ihre Brille oder einen Goldkuli in der Hand halten. Interessanter wäre, wenn der Schreibtisch mit Unterlagen bedeckt ist, wenn die Führungskraft gemeinsam mit Auszubildenden zu sehen ist und sogar selbst in der Werkhalle arbeitet, damit wir die Nähe zu den Mitarbeitenden und die Tatkraft der Führungskraft sehen können.

Einige Erkenntnisse zur Gestaltung der Fotos:

▪ Zu einem formalen Gestaltungsmerkmal, das unsere Aufmerksamkeit auf sich zieht, gehört die Größe des Fotos: Je größer, desto mehr Aufmerksamkeit zieht es auf sich. Ein großes Bild von der Person ziehen wir mehreren kleineren Fotos vor.

▪ Kontraste: Durch Kontraste kann das Gehirn die Person und die restliche Inszenierung auf dem Foto sehr gut wahrnehmen. Durch Kontraste bleibt das Dargestellte besser in Erinnerung. Kontraste wären große und kleine Personen, alte und junge, Farben wie weiß und schwarz.

▪ Detailaufnahmen beachten wir eher als Totalaufnahmen.

▪ Farbfotos ziehen deutlich mehr Aufmerksamkeit auf sich als schwarz-weiße Bilder. Farbige Bilder werden von uns länger betrachtet, besser erinnert und wieder erkannt.

Fazit aus diesem Kapitel: Begegnen wir Menschen auf Fotos, dann können einige wenige Kriterien unsere Wahrnehmung und die Bewertung dieser Person enorm beeinflussen, ohne dass wir dies merken: Allein, wenn die Person ihren Kopf leicht geneigt hält, schätzen wir diese Person als wesentlich sympathischer ein. Lächelt Sie die Person auf dem Foto an, werden auch unsere Gesichtsmuskeln spontan und unkontrolliert reagieren. Solche Wirkungen geschehen unbewusst, wir könnten über diesen Effekt keine Aussagen machen, wenn wir danach gefragt würden. Sehen Sie das nächste Mal Fotos von Menschen im Arbeitsleben, könnten Sie bewusst fragen und anhand einiger der genannten Kriterien prüfen, ob solche Mechanismen auf Sie wirken.

Portraits

Fotos sind oft das erste, was wir von einem Menschen im Arbeitsleben sehen.

Menschen auf Fotos haben herausragende Wirkung; Sie sind nach der Größe eines Bildes der Bestimmungsfaktor für die Kontaktdauer mit dem Foto.

Im Bruchteil einer Sekunde verarbeiten wir Schlüsselinformationen der Person.

Von diesen Schlüsselinformationen schließen wir auf weitere Merkmale der Person.

Menschen auf Fotos
sind die
Stimmungsmacher
schlechtin.

Unser Blick fällt zuerst auf Augen und
Mund, die uns Auskunft über die Stimmung
der Person geben.

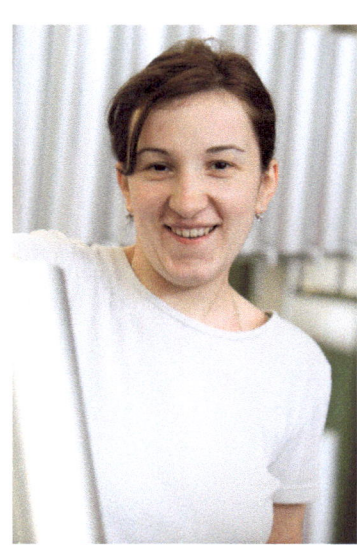

Die Kleidung liefert
uns weitere wichtige
Informationen über
die Person.

Auch Gegenstände helfen uns beim
Einordnen der Person.

Zur Inszenierung
auf Fotos gehört die
Umgebung, in der
der Mensch
abgebildet ist.

Der gleiche
Mensch kann auf
uns völlig
unterschiedlich
wirken, je nachdem ob wir ihn in einem Büro oder einer Fabrikhalle sehen.

Schlüsselreize, wie
die leichte Neigung
des Kopfes, lassen
einen Menschen
noch sympathischer
wirken.

Durch Spiegelneurone fühlen wir, was der andere fühlt.

Die Aufnahme von Menschen auf Fotos
fällt uns sehr leicht, weil sie vor allem
unbewusst geschieht.

Wir speichern Fotos als Gedächtnisbilder,
die wir spontan abrufen,
wenn wir an die Person denken.

Durch Codes wie Anzug, Krawatte, Brille
und Hintergrund ordnen wir diesen Menschen
– ohne lang überlegen zu müssen – eindeutig
der Geschäftswelt zu.

Die Haltung des Menschen
unterstreicht die ganzheitliche Wirkung
seiner Persönlichkeit.

Interessante Perspektiven können unsere
Aufmerksamkeit binden und die
Betrachtungszeit eines Fotos steigern.

Aufsteigende Linien
und andere periphere Reize verarbeiten wir,
ohne dass wir sie fixieren müssen.

Menschen auf Fotos ziehen stark unsere Aufmerksamkeit an.

Kontraste fallen uns schnell auf und helfen uns beim Erkennen von Gestalten, wie hier im Fall der Schürze.

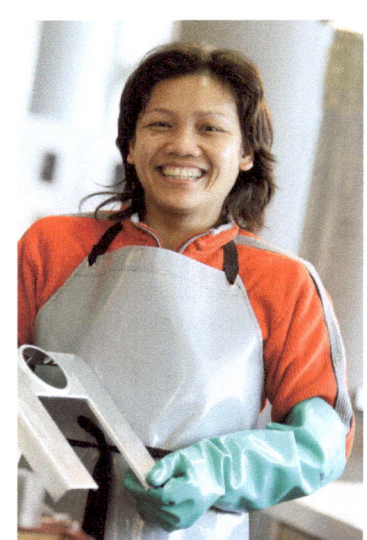

Sehr gern beobachten wir Menschen dabei,
wie sie etwas tun.

Der direkte Blick attraktiver Menschen
und deren Lächeln
aktiviert unser Belohnungssystem.

Wir spekulieren
unbewusst darüber,
ob wir uns mit
einem Menschen
wohlfühlen würden.

Wir können blitzschnell entscheiden,
ob wir uns einen Menschen
als Kollegen wünschen.

7. Beziehungen zu Menschen im Arbeitsleben

Im Arbeitsleben bewerten wir nicht allein unser Gegenüber, sondern unsere Beziehung zu ihm. Unser Gehirn ist sehr sozial. Keine Arbeitsbeziehung erträgt auf Dauer, wenn sich einer benachteiligt fühlt – Gegenseitigkeit ist wesentliches Fundament funktionierender sozialer Beziehungen: Wenn wir für unsere Kollegin auf einen Brückentag verzichten, dann erwarten wir dies auch demnächst von ihr. Sie könnte die Gegenleistung auch in einer anderen Währung erbringen, zum Beispiel indem sie ein Projekt für uns übernimmt.

7.1 Überleben durch gelungene Beziehungen

Egoismus, Ellenbogendenken, Eigenbrötelei – die Zeitungen sind voller Berichte, die den Eindruck erzeugen, als ob Menschen im Arbeitsleben vor allem Einzelkämpfer sind, die nur an sich denken, nur auf die Optimierung ihres eigenen Vorteils aus sind. Allen Unkenrufen zum Trotz: Grundsätzlich ist der Mensch ein soziales Wesen. Unser Gehirn ist auf gelingende Beziehungen ausgelegt – auch im Arbeitsleben.

Wissenschaftliche Studien zeigen: Die Natur belohnt jene, die sich gemeinschaftlich verhalten und zum Überleben der Gruppe beitragen. Gene von Menschen, die in Gruppen leben, können sich eher durchzusetzen als Gene von Einzelgängern. Unser Überleben hängt davon ab, wie gut wir uns sozial einordnen. Damit wir Beziehungen suchen und dauerhaft eingehen, verfügen wir über Nervenbotenstoffe und Hormone, die unsere Bindungen steuern: Gelingende Beziehungen belohnt unser Gehirn mit Dopamin, das uns gute Gefühle verursacht. Das Gefühl der Bindung führt zu schnellem Ausstoß körpereigener Opioide. Dies erklärt nicht nur, warum zwischenmenschliche Zuwendung Schmerzen erträglicher macht, sondern auch, warum wir neurobiologisch auf Bindung geeicht sind. Unser soziales Gehirn zeigt sich zum Beispiel auch darin, dass wir über spezielle Hirnfunktionen verfügen, die Gesichter von Menschen erkennen und bewerten.

Wie wichtig Beziehungen für uns Menschen sind, können wir schon daran erkennen, dass ein Kleinkind ohne die Hilfe seiner Eltern nicht lebensfähig wäre und fast 20 Jahre braucht, bis es auf eigenen Beinen stehen und sein eigenes Leben führen kann. In der Kindheit brauchen wir Eltern, die uns lehren, Liebe zu empfangen und Liebe zu geben – dies ist und bleibt der Grundstock unserer Gesundheit: Ist das Kind länger von seiner Mutter getrennt, wird es ängstlich und schreit nach seiner Mutter, damit es sich wieder sicher und versorgt fühlen kann. Der Psychologe Rene Spitz beobachtete, dass Kinder in Kliniken apathisch und psychisch krank wurden, wenn diese keinen Kontakt zu einer Bezugsperson hatten.

Im Lauf unserer Entwicklung weitet sich unser Bedürfnis nach Bindung und die damit verbundene Sicherheit auf unseren Partner, auf die Familie und auf unsere Kollegen aus. Wir brauchen andere Menschen, um von ihnen zu lernen, wie wir uns in der Welt zurechtfinden. Wir brauchen andere Menschen, um glücklich und zufrieden zu sein. Interesse gehört zu den wichtigsten Düngern von Beziehungen. Dale Carnegie schreibt: „Wer sich für andere interessiert, gewinnt in zwei Monaten mehr Freunde als jemand, der immer nur versucht, die anderen für sich zu interessieren, in zwei Jahren."

Die Gemeinschaft bietet uns Sicherheit: Wir können uns sehr gut an den anderen Mitgliedern der Gemeinschaft orientieren, machen nichts falsch und ecken nicht an. Doch richten wir uns zu stark nach anderen, bleiben unsere eigenen einzigartigen Wünsche unberücksichtigt. Auf Dauer kann uns dies krank machen. Wir müssen also lernen, sie zu erkennen und zu leben. Fazit: Wir sind Herdentiere mit dem Bedürfnis nach Einzigartigkeit – wir wollen Teil einer Gemeinschaft sein – selbst, wenn es die Gruppe jener ist, die sich nirgends einordnen will. In dieser Gruppe wollen wir, dass uns die anderen in unserer einzigartigen Persönlichkeit erkennen, respektieren und wertschätzen.

Die Orientierung an anderen Menschen verringert unsere Unsicherheit: Wir überlegen, wie wir an deren Stelle handeln würden. Im Lauf unseres Lebens haben wir immer neue Leitfiguren: Familie, Freunde, Kollegen und manchmal sogar Führungskräfte. Sie können unser Handeln bis in die kleinen Alltagsentscheidungen hinein beeinflussen. Es gibt Menschen, deren Sprechstil, Aussehen und deren Ansichten wir sogar übernehmen, ohne dass uns dies bewusst wäre.

In anderen erkennen wir uns selbst

Wir vergleichen uns mit anderen, um etwas über uns selbst zu erfahren und uns einzuschätzen – Robinson hätte auf seiner Insel kaum herausfinden können, was ihn als Menschen so einzigartig macht. Männer messen sich im Fitnessstudio mit anderen Männern und bauen Muskelberge auf, auch wenn dies nicht dem durchschnittlichen weiblichen Ideal entspricht; Frauen orientieren sich an anderen Frauen, wenn es darum geht, superschlank sein zu wollen, auch wenn Männer ein anderes Ideal haben. Ein Beispiel aus dem Arbeitsleben: Möchten Sie 50.000 oder 60.000 Euro verdienen? „Natürlich 60.000 Euro!", werden Sie sagen. Aber stellen Sie sich vor, Sie würden 50.000 Euro verdienen und alle anderen nur 40.000 Euro. Jetzt stellen Sie sich vor, Sie würden 60.000 Euro verdienen, aber alle anderen 80.000 Euro. Würden Sie immer noch, ohne zu zögern, die 60.000 Euro wählen?

Durch den Vergleich mit anderen können wir unsere Fähigkeiten verbessern, unsere Überzeugungen, Werte und Emotionen prüfen. Die beiden Hirnforscher Gerald M. Edelmann und Giulio Tononi betonen ausdrücklich, „…dass das Gehirn allein zur Entstehung von Bewusstsein nicht ausreicht, denn wir sind davon überzeugt, dass die höheren Hirnfunktionen Interaktionen sowohl mit der Welt als auch mit anderen Menschen unabdingbar voraussetzen."

Auch im Arbeitsleben haben Menschen für uns herausragende Bedeutung: Wir orientieren uns an ihnen, wir identifizieren uns mit ihnen, sie helfen uns, Probleme zu lösen. Durch soziale Unterstützung können sie unsere Gesundheit stärken. Und auch im Arbeitsleben formen Menschen Gruppen, deren Mitglieder sich stark ähneln und gegen andere abgrenzen. Nehmen wir Manager: Untereinander reden sie in einer eigenen Sprache mit Begriffen wie Rentabilität, Deckungsbeitrag, Shareholder-Value, die kaum ein Mitarbeiter versteht; manche Begriffe verwenden sie sogar, auch wenn jeder etwas anderes darunter versteht, wie die Begriffe Innovation, Effizienz und Effektivität zeigen – Hauptsache ist, sie verwenden in der Gruppe gleiche Signale und zeigen hierdurch ihre Zusammengehörigkeit. Sie zeigen sich in fast der gleichen Kleidung – mitunter sogar weltweit. Manager führen fast allesamt und gleichzeitig neue Managementmethoden ein, bis eine neue kommt. Sie reden von ‚Benchmarks`, wenn sie sich vergleichen. Die einen setzen alles daran, sich von anderen zu unterscheiden, die anderen kopieren den Wettbewerb, um keine Fehler zu machen. Sie beschäftigen die gleichen Unternehmensberater, die ein Gutteil ihres Geldes dadurch verdienen, dass sie Erfahrungen aus einem Unternehmen ins nächste tragen. In ihrer Freizeit organisieren sich im Lions Club oder bei Rotary.

Soziale Aufgaben für unser Gehirn haben auch Marken und Unternehmen, da sie unserem Umfeld zeigen, wie wir uns selbst sehen und zu welcher Gruppe wir gehören, wie im Fall von Swarowski, Red Bull und Apple, die auch als Arbeitgeber soziale Bedeutung haben können. Wie enorm wichtig dies ist, zeigen jene Marken, für die wir das Vielfache ausgeben als für gleichartige Produkte mit anderem Namen.

Isolation macht krank

Wie sich gelungene Beziehungen im Arbeitsleben auswirken, können wir daran sehen, dass wir krank werden, wenn sie fehlen: Sind wir in unserer Arbeitsgruppe isoliert, werden wir krank – häufig eingesetzt beim Mobbing. Wenn die Kommunikation mit Kollegen nicht stimmt und wir uns ausgegrenzt fühlen, sind wir nervös, unsicher, depressiv und ängstlich. Soziale Ausgrenzung aktiviert sogar unser Schmerzsystem im Gehirn – dies hat Naomi Eisenberger in einem Experiment herausgefunden: Sie ließ eine Testpersonen mit zwei anderen unsichtbaren Mitspielern auf dem Computerbildschirm mit Bällen spielen. Die Testperson saß aber nicht vor dem Bildschirm, sondern lag in einem Kernspintomografen, ein Gerät, das Gehirnaktivitäten misst. Die beiden Mitspieler saßen in einem anderen Raum an separaten Rechnern, alle drei Computer waren miteinander vernetzt. Was die Testperson nicht wusste: Die beiden Mitspieler waren Mitarbeiter des Versuchslabors. Die Versuchsperson sollte sich nun mit den anderen beiden auf dem Bildschirm Bälle zuspielen. Man sagte ihr, die beiden Mitspieler seien ebenfalls Testpersonen und man wolle untersuchen, wie das Gehirn beim Spielen reagiere. Im ersten Teil des Experiments spielten die beiden Mitspieler der Versuchsperson etwa genauso oft die Bälle zu wie untereinander. Im zweiten Teil änderte sich das Verhalten der Mitspieler: Sie spielten sich die Bälle aus nicht erkennbaren Gründen nur noch gegenseitig zu und schlossen die Versuchsperson vom Spiel aus. Folge: Die Aufnahme des Gehirns zeigte aktivierte Schmerzzentren.

7.2 Transaktionen in der Analyse

Ein Modell, das Bindungsmuster erklären kann, ist die Transaktionsanalyse, kurz TA. Ich möchte in diesem Kapitel dieses Konzept vorstellen und Fragen aufzeigen, die dieses Konzept stellt. Diese sind für mich sehr wichtig, um die Wirkung anderer Menschen auf uns zu prüfen. Ein Hinweis: In diesem Kapitel steht nicht die aktuelle wissenschaftliche Forschung im Mittelpunkt, sondern ich nehme hier ausnahmsweise eine rein anwendungsbezogene Perspektive ein.

Die Transaktionsanalyse beantwortet die Frage, aus welcher Haltung heraus eine Person im Arbeitsleben mit uns kommuniziert – und hierdurch auf uns wirkt. Transaktion steht für das Senden von Reizen wie Worte, Gesten, Blicke und Körperhaltungen, die zu einer Reaktion einladen. Zur Beschreibung von Beziehungen unterteilt die Transaktionsanalyse die Persönlichkeit in drei Ich-Zustände: das Eltern-Ich, das Kind-Ich und das Erwachsenen-Ich. Unser Eltern-Ich umfasst alle Haltungen, Handlungen, Gedanken und Gefühle, die wir von

unseren Eltern und anderen Autoritäten erlernt haben, zum Beispiel von Kinder-
gärtnern und von den Lehrern in der Kindheit. Ge- und Verbote haben wir im
Eltern-Ich genauso abgelegt wie Fürsorge und Trost, daher unterscheidet die TA
das kritische Eltern-Ich und das fürsorgliche Eltern-Ich. Das Eltern-Ich von
Unternehmen wird durch die Gründer bestimmt, deren Unternehmensziele und
Mission.

Unser Kind-Ich enthält alle unsere Erfahrungen, Gefühle, Empfindungen und
Bedürfnisse aus der Kinderzeit, ebenso unsere ‚kindlichen' Bedürfnisse, die wir
noch als Erwachsene haben, zum Beispiel jene nach einem großen, schnellen
und schicken Auto oder einem Computer mit viel Schnickschnack. Unser Erwachsenen-Ich ist der Moderator, der mit unserem Sachverstand und unserer
Lebenserfahrung der gereiften Persönlichkeit zwischen unserem Eltern-Ich und
unserem Kind-Ich vermittelt. Unser Erwachsenen-Ich handelt im ‚Hier und
Jetzt', seine Handlungen und Entscheidungen ziehen frühere Erfahrungen heran.

Die Transaktionsanalyse fügt eine Perspektive zur Betrachtung von Persönlichkeit hinzu, die auch für die Analyse unserer Beziehungen zu anderen Menschen
wichtig ist: Das Eltern-Ich der anderen Person umfasst zum einen die Ge- und
Verbote zur Einhaltung, zum anderen die Art und Weise, wie sie ihre Mitarbeiter fördert, damit diese sich weiterentwickeln können. Die Führungskraft sorgt
sich um uns und schützt uns vor Schaden. Das Kind-Ich der anderen Person sind
dessen kindliche Anteile, die leben, spielen, lernen, spontan sein wollen; Anteile, die für Intuition und Innovation stehen. Dem Kind-Ich entspricht auch die
Suche nach der eigenen Identität: Kind-Ich-gesteuerte Menschen, zum Beispiel
Führungskräfte, suchen ständig neue Identitäten, ‚kreative Ansätze', sie sind
nicht stabil, sondern stark an ihren Bezugsgruppen, an ihrem sozialen Umfeld
ausgerichtet. Solche Führungskräfte führen nicht aus sich heraus, aus dem eigenen Auftrag und Grundsätzen heraus, sondern einzig mit Blick auf andere, zum
Beispiel auf deren eigene Vorgesetzte oder den Kunden – Marktforschung spielt
hierbei die essenzielle Rolle.

Das ausgeprägte Erwachsenen-Ich des anderen ist wichtig für dessen gesunde
Persönlichkeit. Es moderiert die beiden anderen Ich-Zustände, sorgt dafür, dass
deren Transaktionen im Dienste klar prüfbarer Eigenschaften stehen. Agiert die
Führungskraft aus dem Erwachsenen-Ich, so informiert sie sehr sachlich, sehr
klar, aber nicht appellierend. Um so zu agieren, braucht sie das Eltern-Ich oder
Kind-Ich.

Die starke, vom Erwachsenen-Ich gesteuerte Person weiß, was sie kann und was
gut ist für die Menschen, mit denen sie in Beziehung steht – und somit auch für
uns. Sie weiß, wie sie unser Leben bereichern kann. Hierfür hat sie mitunter
einen Auftrag, eine Vision, die sie beharrlich verfolgt. Die starke Persönlichkeit

führt. Sie braucht ein gut entwickeltes Erwachsenen-Ich, das die beiden anderen Ich-Zustände im Sinne sachlicher, überprüfbarer Vorgaben steuert. Die starke Führungskraft weiß, was sie kann und was sie will.

Um die Einsichten in unseren Beziehungen am Arbeitsplatz gewinnbringend einzusetzen, ist es hilfreich, die Ich-Zustände weiter zu unterscheiden: Das Eltern-Ich unterscheidet sich in das kritisch-strukturierende und das fürsorgliche Eltern-Ich. Im kritischen Eltern-Ich finden sich sämtliche Ausdrucksformen von Kontrolle, wie Ver- und Gebote, Vorurteile, Zurechtweisungen, Normen, Verhaltensregeln. Das fürsorgliche Eltern-Ich steht für Unterstützung, Bestärkung, Schutz, Lob und Hilfe.

Das Kind-Ich unterscheidet sich in das freie und das angepasste Kind. Das freie Kind enthält den ursprünglichsten, natürlichsten Teil einer Persönlichkeit. Kreativität und Intuition sind zwei wesentliche Merkmale des Kind-Ich-Zustands. Das angepasste Kind orientiert sich vornehmlich an Erwartungen anderer, stellt die Einhaltung von Regeln, Ge- und Verboten in den Vordergrund. Eine Abwandlung des angepassten Kindes ist das rebellische Kind, das sich ausdrückt über Ärger, Trotz, die Ablehnung gegen alles Vorgegebene. Da es sich dabei ausnahmslos an anderen orientiert, wie es das angepasste Kind auch tut, unterscheidet es sich zwar in seinem Auftreten, nicht jedoch in den Grundzügen seines Verhaltens. Wichtig ist, dass es keinen per se ‚schlechten' Ich-Zustand gibt – alle haben ihre positiven und negativen Ausprägungen: Ohne das Verbot des kritischen Eltern-Ich: „Geh' nicht bei rot über die Straße", wäre manches Kind nicht über das vierte oder fünfte Lebensjahr hinausgekommen.

Nach dem Blick auf die Ich-Zustände fällt die Antwort auf die Frage leichter: Aus welchem Ich-Zustand kommuniziert unser Vorgesetzter mit uns? Und welchen spricht er in uns an?

- ■ *Unser Eltern-Ich:* Der Vorgesetzte kann unser Eltern-Ich ansprechen, indem er an unser Gewissen appelliert, uns für das Wohl des Unternehmens einzusetzen.

- ■ *Unser Kind-Ich:* Der Vorgesetzte kann unser wildes, experimentierendes Kind ansprechen, wenn wir Forscher sind und nach Innovationen suchen.

- ■ *Unser Erwachsenen-Ich:* Der Vorgesetzte informiert uns über sachlich-funktionale Leistungen.

Folgende Beispiele kennen wir aus der Werbung:

Media Markt: „Lass Dich nicht verarschen" (Kritische Eltern – Angepasstes Kind)

Opel: „Frisches Denken für bessere Autos" (Fürsorgliche Eltern-Angepasstes Kind)

Sparkasse: „Wenn's um Geld geht – Sparkasse" (Erwachsenen-Ich, Erwachsenen-Ich)

BMW: „Freude am Fahren" (Freies Kind – Freies Kind)

Ebay: „3,2,1 meins" (Freies Kind – Freies Kind)

Allianz: „Hoffentlich Allianz versichert" (Angepasstes Kind – Kritische Eltern)

Saturn: „Geiz ist geil!" (Rebellisches Kind – Kritische Eltern).

Tatsächlich provozieren bestimmte Ich-Zustände des Vorgesetzten die Reaktionen unserer Ich-Zustände: Sein kritisches Eltern-Ich provoziert beispielsweise Reaktionen unseres angepassten oder rebellischen Kinder-Ich. Er sagt: „Arbeite härter!", und wir reagieren mit: „Ja, es ist besser für das Unternehmen und mich, wenn ich mehr leiste." Oder: „Jetzt mache ich erst recht Dienst nach Vorschrift". Ob die Appelle unseres Vorgesetzten wirken, hängt davon ab, ob er aus dem richtigen Zustand zu uns spricht. Hinzu kommt die Art, in welcher Haltung und in welchem Ton er uns seine Appelle nahe bringt. Dieses Wechselspiel macht die Transaktionsanalyse so hilfreich für die Analyse der Wirkung von Menschen im Arbeitsleben auf uns.

Die Transaktionsanalyse zeigt auch, wie wichtig Glaubwürdigkeit ist: Wie glaubwürdig wirkt ein Vorgesetzter, der einerseits ständig vorgibt, mit anderen aus dem „freien Kind" zu kommunizieren, also betont locker, fröhlich und frei auftritt, aber andererseits ständig aus dem kritischen Eltern-Ich redet? Wie lange kann jemand in der Rolle des Freien, Frechen bleiben, wenn er sein anderes – eigentliches Wesen – immer unterdrücken muss? Eine Finanzbehörde, die also mit dem Slogan „Geiz ist geil" in die Öffentlichkeit träte, hätte es sehr schwer, als glaubwürdig zu gelten.

Hier zwei Beispiele für die Beziehungsmuster zwischen der Führungskraft und ihren Mitarbeitern: Die Führungskraft spricht aus dem Eltern-Ich mit dem Erwachsenen-Ich der Mitarbeiter. Dieses Muster findet sich zum Beispiel in der Rolle des Beraters, der durch seine Fachkunde eine erhöhte Position innehat. Das Beziehungsmuster beruht auf Augenhöhe, wenn das Gegenüber der Führungskraft gleichgestellt ist, wie im Fall von Kollegen. Die Beziehung zwischen der Führungskraft und ihrem Vorgesetzten kann auch dadurch gekennzeichnet sein, dass der eigene Vorgesetzte durch seine Führungsposition leicht erhöht ist.

Ein typischer Fehler, den Führungskräfte machen, ist die Wahl des falschen Ich-Zustandes, aus dem heraus sie reden: Spricht unser Vorgesetzter aus dem Eltern-Ich heraus unser Kind-Ich an, könnten wir dies ablehnen, weil wir uns bevormundet fühlen. Andererseits gibt es Mitarbeitende, die das dominante Auftreten und klare Regeln durch die Führungskraft einfordern. Ein anderes Beispiel: Spricht die Führungskraft zum eigenen Vorgesetzten (meist Eltern-Ich) aus dem Eltern-Ich, kann dies zu Konkurrenzgefühlen beim eigenen Vorgesetzten führen. Spricht die Führungskraft aus dem Kind-Ich, besteht die Gefahr, dass sie nicht ernst genommen wird.

Fazit: Menschen wirken also nicht nur über ihre Erscheinung auf uns, sondern auch durch die Beziehungen, die sie mit uns eingehen. Bei dieser Transaktion ziehen wir Erfahrungen heran, die wir schon sehr früh mit Beziehungen gemacht haben. In Beziehungen zu Menschen am Arbeitsplatz greifen wir auf diese Erfahrungen samt den damit verbundenen Gefühlen und Körperzuständen zurück, wie dies Kapitel 1.3.1 ausführlich beschrieben hat.

Deutlich wird auch, dass unsere Beziehungen zu Menschen am Arbeitsplatz höchst komplex sind, dass wir uns aufeinander beziehen und es viele wechselseitige Wirkungen gibt: Unser Gesprächspartner nimmt uns wahr, er bewertet uns und reagiert darauf – bewusst und unbewusst. Wir deuten seine Reaktion, bewerten diese und reagieren darauf. Das meiste hiervon geschieht unbewusst, wie Sie schon in Kapitel 1.4 kennen gelernt haben.

Bestätigt hat sich hier, wie unsere eigenen Erfahrungen bestimmen, wie wir unser Gegenüber bewerten: Aufgrund unserer eigenen Erfahrungen könnten wir auf die identischen Signale unseres Vorgesetzten anders reagieren als unsere Kollegen. Die Signale des anderen lösen in uns Programme aus, die unser Denken und Handeln bestimmen. Zum anderen reagieren wir auf andere Menschen am Arbeitsplatz; diese Reaktionen lösen Denk- und Verhaltensprogramme in unserem Gegenüber aus. Somit entstehen dynamische Beziehungen, die durch die gegenseitigen Programme geprägt sind. Auch dieses Geschehen läuft unbewusst ab.

Diese Prozesse spielen sich nicht nacheinander ab, sondern viele geschehen parallel, zum Beispiel, indem wir uns mit unserer Sprache auf das beziehen, was der andere gesagt hat. Gleichzeitig nehmen wir eine bestimmte Körperhaltung ein, die zustimmend oder ablehnend ist. So senden wir viele Signale gleichzeitig, aus denen unser Gegenüber Schlüsse zieht. Einige Effekte überwiegen hierbei andere, wie die Körpersprache das Gesagte dominiert: Sagt unser Vorgesetzter, wie wertvoll er den Vorschlag von uns findet, aber sortiert währenddessen Papiere auf seinem Schreibtisch (wie es mir geschehen ist), schließen wir aus seinem Verhalten, dass unser Vorschlag doch nicht so wertvoll sein kann, wenn „Papiere sortieren" wichtiger ist.

Sie können Ihren Programmen und jenen Ihres Gegenübers dadurch besser auf die Spur kommen, indem Sie das Geschehen bewusst aufmerksam verfolgen: Wie verhält sich Ihr Gegenüber? Wie haben Sie darauf reagiert? Waren Sie wütend oder haben Sie sich verteidigt? Wie hat wiederum Ihr Gegenüber reagiert? Die bewusste Analyse solcher Muster kann Ihnen einen besseren Einblick in Ihre Verhaltensprogramme geben und dahingehend, welche Wirkungen andere Menschen auf Sie ausüben. Das Modell der Transaktionsanalyse bietet Ihnen somit einen anderen Blick auf das Geschehen bei der Begegnung mit Menschen im Arbeitsleben, bei dem Sie Erkenntnisse aus anderen Stellen dieses Buch einordnen und aus einer anderen Perspektive und mit anderen Fragen betrachten können.

7.3 Nervenzellen fühlen andere Menschen

Einfühlung, auch Empathie genannt, wird als Fähigkeit bezeichnet, sich in den anderen hineinzuversetzen – dessen Gedanken, Gefühle und Ansichten weitmöglich zu erkennen und hieraus den anderen zu interpretieren. Wir bewerten also den anderen nicht aus der Sicht UNSERER, sondern SEINER Gedanken, Gefühle und Ansichten, um zu sehen, was dessen Handeln bestimmt.

Einfühlung und damit Verstehen ist essenziell für das Entstehen und Entwickeln unserer Beziehungen am Arbeitsplatz. Wer uns gut zuhören kann, wer uns als Gesprächspartner respektiert und auf uns einfühlsam eingeht, den erleben wir als sympathischen Menschen. Einfühlung im Arbeitsleben beinhaltet auch, Eitelkeiten, persönliche Steckenpferde und Geltungssucht anderer zu verstehen. Dies bedeutet freilich nicht, dies alles gut zu finden; wichtig ist, aus welchen Motiven und Emotionen heraus unser Gegenüber so handelt. Welche dies sind, können Sie in Kapitel 2.1 nachlesen.

Mangelnde Einfühlung zeigen zum Beispiel Führungskräfte, die ihre eigenen Interessen durch ihre Macht, ihren Status und die ihnen offiziell verliehene Führungsrolle durchsetzen: Sie nutzen Befehle und sanktionieren deren Ausführung mit den ihnen verfügbaren Belohnungen und Bestrafungen, statt sich in ihre Mitarbeiter einzufühlen, sie zu verstehen, ihnen zu erklären und sie von der gewünschten Handlung zu überzeugen. Andere sehen sich als „Verstandesmenschen", die ihr Selbstwertgefühl aus ihrem Fachwissen ziehen: Für Techniker zählen Fachkunde, Technikfortschritt und harte Fakten; sie sind überzeugt, „vernünftig" zu handeln. Einfühlung und Verständnis sind ihnen oft fremd, besonders von Menschen, die diese Werte nicht teilen. Wir können dies daran sehen, wie uns solche Menschen eine Maschine erklären oder wie sie Broschüren schreiben, die uns von einer Anlage überzeugen sollen. Wie auch Präzision, Leistung, Disziplin hoch emotional sind, können Sie in Kapitel 2.1 lesen. Doch deren Selbsteinschätzung trügt: Techniker arbeiten ihr Leben lang hart an sich, um sich ihr Wissen anzueignen, sie arbeiten nächtelang am Plan einer Maschine, nur damit diese schließlich perfekt funktioniert und leistungsstark ist. Was diese Energie freisetzt, sind Emotionen. Ich erlebe in meinen Seminaren immer wieder, dass solche Menschen sagen (hierzu gehören auch Forscher, Computerfachleute, Controller), dass ein Text nicht verständlich sein dürfe, weil sie sonst niemand ernst nimmt. Sie wollen nicht verstanden werden, sondern imponieren. Auch dies ist hoch emotional!

Wir sind der Spiegel des anderen

Zu den spektakulärsten Entdeckungen der letzten Jahre gehören jene Nervenzellen, die dafür sorgen, dass wir das Erleben anderer Menschen spiegeln können – diese Nervenzellen heißen deshalb auch Spiegelneurone. Sie sind die neurobiologischen Grundlagen dafür, dass wir die Gefühle eines anderen Menschen erkennen, aufnehmen und hierauf reagieren können. „Wir besitzen in unserem Gehirn Nervenzellen für Mitleiden, und das sind Nervenzellen für Empathie" so Joachim Bauer. Sie sorgen dafür, dass andere Menschen so stark auf uns wirken, dass wir Schmetterlinge im Bauch haben und uns der Schweiß vor Angst läuft. Sie sorgen dafür, dass wir von anderen Menschen lernen können, wenn wir ihnen zuschauen oder sogar nur zuhören. Was genau fühlt unser Gegenüber und passt dies zu dem, was er sagt? Antworten liefern die Spiegelneurone. Sie sind die Grundlage dafür, dass wir intuitiv spüren, was ein anderer Mensch fühlt. Dies bedeutet, dass wir nicht nur die Handlungen eines anderen Menschen verstehen, sondern auch dessen Gefühle spiegeln können, sie können spiegelbildliche Empfindungen in uns wachrufen. Aufgrund dieser Bedeutung verglich der bekannte Neuroforscher Vilayanur Ramachandran die Entdeckung der Spiegelneurone mit der Entschlüsselung der Erbsubstanz in der Biologie.

Schon in den 1990er-Jahren entdeckten Forscher die Spiegelneurone beim Affen: Dessen Nervenzellen feuerten nicht nur, wenn dieser selbst zur Nuss griff, sondern auch dann, wenn der Affe sah, wie der Forscher zur Nuss griff. Das erste menschliche Spiegelneuron entdeckte William Hutchison, Physiologe an der University of Toronto im Jahr 1999. Er hatte einer Patientin, die unter schweren Depressionen litt, feine Elektroden eingesetzt. In einem der Tests stach Hutchison seiner Patientin in den Finger. Folge: Ein Neurone fing an zu feuern. Hutchison stach sich vor den Augen der Frau selbst mit der Nadel in die Haut – wieder feuerte die Zelle. Um Schmerz zu empfinden, reichte es also der Patientin schon aus zu sehen, wie sich der Arzt mit der Nadel stach, damit ihr eigenes Schmerzsystem aktiv wurde und die Patientin selbst Schmerzen empfand. Mehr noch: Studien fanden sogar heraus, dass es uns ausreicht, wenn wir nur eine Person hören, die Schmerzen empfindet, damit unser eigenes Schmerzsystem aktiv wird.

Zu den bekanntesten Studien über Spiegelneuronen gehören jene von Tania Singer: Sie testete mit ihren Kollegen 16 Frauen, deren Partner Stromschläge erhielten. Ergebnis: Glaubten die Frauen, ihr Partner erhalte Stromschläge, aktivierte dies deren eigene Schmerzareale. Die Aktivierung war umso stärker, je empathischer die Testperson laut Fragebogentest war. Die Partner waren übrigens nicht zu sehen und zu hören; die Frauen konnten nur anhand von eingeblendeten Symbolen erahnen, ob ihr Partner einen Schlag bekam. Beobachten wir also jemand, der sich in den Finger schneidet, entstehen in uns Gefühle, die jenen ähnlich sind, als ob wir uns selbst in den Finger geschnitten hätten. Wichtige Erkenntnis für uns: Die Gefühle eines anderen Menschen mitzuerleben, kann unseren eigenen Zustand verändern. Umgeben uns Menschen am Arbeitsplatz, die ängstlich und unsicher sind, kann dies auch auf unser eigenes Erleben wirken. Neuere Studien von Tanja Singer weisen darauf hin, dass die Spiegelneurone vor allem bei jenen Menschen aktiv sind, die uns sympathisch sind. Wenn eine Person, die der Proband zuvor als fair und hilfsbereit kennen lernte, gepiekst wird, erregt dies im Gehirn des Probanden die eigenen Schmerzareale. Wird dagegen ein uns unsympathischer Mensch gestochen, bleibt die Spiegelung aus.

Mit den Spiegelneuronen scheint die neuronale Grundlage für Einfühlung und Mitgefühl entdeckt: Was wir bei anderen sehen oder sogar nur hören, erleben wir selbst! Sehen wir einen leidenden Menschen oder ein leidendes Tier, ist es so, als ob wir selbst leiden. Haben Sie den Film „Titanic" gesehen? Natürlich wissen wir schon, bevor wir in den Film gehen, wie die Handlung endet; doch während des Films sind wir so stark in die dramatische Liebesgeschichte zwischen Kate Winslet und Leonardo DiCaprio eingebunden, als ob wir sie selbst erleben. Und tatsächlich: Würde uns ein Gehirnscanner während des Kinobesuchs ins Gehirn blicken, würde dieser erkennen können, dass jene Bereiche unseres Gehirns arbeiten, die dann aktiv sind, wenn wir uns selbst verlieben.

Sehen ist empfinden – hierin beruht die starke Wirkung, die Menschen im Film auf uns ausüben. Spiegelneurone können also beitragen, zu erklären, wie andere

Menschen unsere Wünsche, Träume und Vorstellungen leben, die wir selbst nicht leben können, wollen oder dürfen – wie die Erlebnisse von Rocky und James Bond. Das Prinzip lautet: Gesehen ist erlebt! Im Wirtschaftsleben ermöglichen uns die Spiegelneuronen, das Geschehen am Arbeitsplatz mitzuempfinden, die Gefühle des Firmenchefs zu fühlen, dessen Begeisterung und Überzeugung, aber auch dessen Zweifel.

Unsere Spiegelsysteme ermöglichen, dass wir uns an anderen orientieren, dass wir durch sie Sicherheit erlangen. Seit wir auf der Welt sind, beobachten wir andere Menschen, schauen ihnen beim Handeln zu und prüfen, ob wir dies imitieren sollten, was sie tun. Unser Gehirn fragt sich hierbei: „Wie würde ich mich fühlen, wenn ich dies tue?" Und, weil unser Gehirn sehr sozial ist: „Wie würde ich auf andere wirken?" Ist ein Kind hingefallen, schaut es zu seinen Eltern auf, ob es sich wehgetan hat. Wenn wir in so hohem Maße auf das Verhalten anderer Menschen unbewusst reagieren, zeigt dies auch, wie stark unser eigenes Verhalten durch Impulse von außen bestimmt wird.

Sie kennen die Arbeit der Spiegelneurone auch aus dem Alltag: Sie sorgen dafür, dass wir gähnen, wenn wir andere gähnen sehen, und dass Lachen ansteckend ist. So nennen Fachleute dieses Phänomen auch „emotionale Ansteckung" (emotional contagion). Uns steckt an, wenn ein Mensch an die Decke sieht – und wir sehen auch dorthin. Unser Gegenüber nimmt eine bestimmte Körperhaltung ein – wir sind angesteckt und nehmen sie nach und nach ebenfalls ein. Leicht vorzustellen, wie Menschen auf uns wirken, die gequält zu uns kommen, die uns ungern bedienen und von denen wir spüren, wie verzweifelt sie sind.

In einem Vortrag spüren unsere Spiegelneuronen, ob ein Redner seine Präsentation als Chance oder als Bedrohung empfindet, ob er uns mit Spaß und Zuversicht entgegentritt oder ob er sich quält und Angst hat, zu versagen. Bei erfolgreichen Rednern fühlen wir, welche Freude sie dabei empfinden, vor viele Menschen treten zu können, denen sie etwas zu sagen haben, dass sie sich freuen, dass ihnen die nächsten 45 Minuten viele Augen gespannt zusehen und viele Ohren interessiert zuhören – welch eine Chance, scheinen sie zu denken und so wirken sie auch auf uns!

Spiegelneurone führen nicht nur dazu, dass wir mit einer anderen Person buchstäblich mit-fühlen: Durch das Spiegeln der anderen Person können wir sogar das künftige Handeln einer Person einschätzen. Wenn wir unser Gegenüber beobachten, versuchen wir, die Absicht dahinter zu erkennen. Ein Kollege kommt auf uns zu und trägt Aktenordner. Welchen Weg wird er einschlagen? Wie können wir ihm ausweichen? Wir wollen ahnen, wie sich der andere weiter verhalten wird. Aufschluss hierüber liefern uns der Gesichtsausdruck, Gesten und das Verhalten der Person. Joachim Bauer: „Ohne intuitive Gewissheiten darüber, was eine gegebene Situation unmittelbar nach sich ziehen wird, wäre das Zusammenleben von Menschen kaum denkbar. Wir sind im Alltag darauf angewiesen, dass beobachtetes Verhalten uns ein sofort verfügbares, intuitives Wissen über den weiteren Ablauf des Geschehens vermittelt. Intuitiv zu spüren, was zu erwarten ist, kann vor allem dann, wenn es auf eine Gefahrenlage hinausläuft, überlebenswichtig sein. … Besäßen wir nicht die Fähigkeit ohne jegliches Nachdenken, aus der Beobachtung von Menschen intuitive Gewissheiten über ihre Absichten und den weiteren Ablauf des Geschehens zu gewinnen, dann müssten wir uns in zwischenmenschlichen Belangen mit der Sehkraft eines Maulwurfs begnügen. Ohne ein intuitives Gefühl für die zu erwartenden Bewegungen anderer würden wir nicht ohne Kollisionen durch eine volle Fußgängerzone gelangen.“

Die geplante Handlung unseres Gegenübers vollziehen wir offenbar, indem wir die beobachtete Aktion zunächst innerlich nachvollziehen. Fremdes Handeln übersetzen wir quasi automatisch in eigenes. Um aus den körperlichen Bewegungen anderer Menschen intuitiv richtige Schlüsse zu ziehen, reichen uns erstaunlich wenige Merkmale, wie Studien zu „Bio Motion“ zeigen: In völliger Dunkelheit reichen nur einige Lichtpunkte an den Schultern, Ellenbogen, Handgelenken, Hüften, Knien und Fußgelenken eines Menschen aus, um zu erkennen, ob es sich um einen Mann oder eine Frau handelt. Unseren eigenen Partner erkennen wir besonders schnell. Vor allem aber können wir aufgrund dieser wenigen Signale vermuten, was die beobachtete Person gerade tut oder beabsichtigt zu tun. Ohne Spiegelneurone wäre dies nicht möglich.

Wie können wir die Handlung vorhersagen? Gibt es hierfür eine neurologische Erklärung? Ja: Jene Menschen, die wir beobachten, aktivieren unsere eigenen Handlungsneuronen. Wenn wir Menschen zuschauen, sind genau jene Netzwerke aktiv, als würden wir selbst die Handlung ausführen. Mehr noch: Es reicht schon aus, uns zu sagen, dass wir uns die Handlung vorstellen sollen, damit unsere Handlungsneuronen aktiv sind. Am stärksten feuern sie, wenn wir eine beobachtete Handlung zeitgleich nachahmen sollen. Die beobachtete Handlung eines anderen Menschen aktiviert in unserem Gehirn also jene Systeme, die zuständig wären, wenn wir die beobachtete Handlung selbst ausführen würden. Dies geschieht zeitgleich, unwillkürlich und ohne unser Nachdenken. Zwischen der beobachteten Handlung und dem eigenen Ausführen liegt noch ein wichtiger Schritt, der dafür sorgt, dass wir nicht beliebig alle beobachteten Handlungen auch selbst ausführen. Letztlich können wir selbst entscheiden, ob wir die Handlung ausführen oder nicht.

Wichtig ist für uns Menschen, eine Handlung auch dann bis zu Ende zu kennen und vorherzusagen, wenn wir nur einen Teil davon erleben. Zum Beispiel speichern wir typische Handlungsabläufe als sogenannte Skripte. Hierbei handelt es sich um Handlungsabläufe, die wir automatisch abrufen können, da unser Gehirn wiederkehrende Prozesse speichert (siehe Kapitel 1.4). Ein sehr kurzer Eindruck reicht daher aus, damit wir eine Ahnung davon bekommen, was vor sich geht und was uns erwarten könnte. Das Aktivitätsmuster unserer Spiegelneuronen verrät, ob uns das Gegenüber die Hand zum Gruß ausstrecken will oder zum Faustschlag ausholt. Joachim Bauer: „Die Beobachtung von Teilen einer Handlungssequenz eines anderen reicht aus, um im Beobachter dazu passende Spiegelneurone zu aktivieren, die ihrerseits aber die gesamte Handlungssequenz ‚wissen'... Auch wenn wir nur einen Teil einer Sequenz wahrgenommen haben, lassen Spiegelnervenzellen im Gehirn, und damit auch in der Psyche eines Beobachters, spontan und ohne unser willentliches Zutun den Gesamtablauf aufscheinen. Die Wahrnehmung kurzer Teilsequenzen kann genügen, um schon vor Beendigung des Gesamtablaufs intuitiv zu wissen, welcher Ausgang bei der beobachteten Handlung zu erwarten ist. Spiegelneurone machen also, indem sie in Resonanz treten und mitschwingen, beobachtete Handlungen für unser eigenes Erleben nicht nur spontan verständlich. Spiegelneurone können beobachtete Teile einer Szene zu einer wahrscheinlich zu erwartenden Gesamtsequenz ergänzen. Die Programme, die Handlungsneurone gespeichert haben, sind nicht frei erfunden, sondern typische Sequenzen, die auf der Gesamtheit aller bisher vom jeweiligen Individuum gemachten Erfahrungen basieren. Da die allermeisten dieser Sequenzen der Erfahrung aller Mitglieder einer sozialen Gemeinschaft entsprechen, bilden die Handlungsneurone einen gemeinsamen intersubjektiven Handlungs- und Bedeutungsraum."

Spiegelneurone sind auch für die Planung unserer eigenen Handlungen essenziell: Wir nehmen vorweg, wie wir uns fühlen, wenn wir eine Handlung ausführen würden. „Wie werde ich mich fühlen", lautet eine der Fragen, die Antonio Damasio als Leitfragen bei der Entscheidung eines Menschen herausgefunden hat. Bauer schreibt, wie auf dieser Grundlage Handlungen entstehen: „Handlungsneurone ... kodieren die Programme für das operative Vorgehen und für das Ziel einer Handlung. Die Nervenzellen für die Vorstellung von Empfindungen ergänzen dies durch Informationen darüber, wie sich die geplante Handlung für den handelnden Körper anfühlen würde. Erst die Kombination des handelnden und des empfindenden Systems ergibt die neuronale Basis für die Vorstellung, Planung und Ausführung von Aktionen."

Kommen wir noch einmal zur ersten Begegnung mit einem Menschen zurück und schauen, wie die Spiegelneurone arbeiten: Einem neuen Menschen zeigen wir durch unwillkürliches Spiegeln seiner Mimik, dass wir ihn verstehen.

Gleichzeitig erfassen wir so, was wir von ihm und vom weiteren Verlauf der Begegnung zu erwarten haben. Zusammen mit dem Gesprochenen basteln wir uns so in Windeseile ein Bild vom anderen.

Eine weitere Wirkung der Spiegelneurone zeigt sich darin, dass sich im Gespräch die Körperhaltungen von Gesprächspartnern annähern – dies kann Minuten oder Stunden dauern. Wie auch immer: Die Abfolge ist stets gleich: Erst wendet sich der Kopf, dann die Schultern, dann der Rumpf, bis sich schließlich der ganze Körper in die Richtung des Gegenübers dreht. Das Körperecho wiederholt sich. Sogar explizite Handlungen werden gespiegelt: Der eine greift zum Mineralwasser, der andere auch. Der eine schlägt die Beine übereinander, der andere folgt kurz darauf. Die Intimität zwischen den Gesprächspartnern nimmt zu. Wird dagegen unser Blick nicht erwidert und folgt auf unsere Gesten keine Reaktion, leiden wir (siehe Kapitel 4.1).

Das Geheimnis der sympathischen Ausstrahlung scheint ebenfalls mit den Spiegelneuronen zusammenzuhängen: nämlich die Fähigkeit, Empathie und Mitgefühl so auszudrücken, dass sie von anderen als angemessen empfunden wird. Studien bestätigen, dass uns jene Menschen sympathisch sind, die uns angemessen spiegeln. Hierbei bewerten wir unter anderem, ob wir Mimik und Körpersprache von Menschen passend zur Situation erleben: Personen, die ein trauriges Ereignis mit fröhlicher Miene nacherzählen, bewerten wir eher negativ; Menschen, die Anteil nehmen können und deren Körpersprache mit der Situation übereinstimmt, in der wir uns mit ihr befinden, sammeln Sympathiepunkte.

Bauer weist auf zwei, sehr wichtige Einschränkungen hin: „Eine Sympathie erzeugende Übereinstimmung zwischen einer gegebenen Situation und der in dieser Situation gezeigten Körpersprache lässt sich nicht bewusst planen oder willentlich herstellen. Der Sympathieeffekt überträgt sich nur, wenn die Person spontan und authentisch ist, das heißt, wenn ihr Ausdruck in Einklang mit ihrer tatsächlichen inneren Stimmung steht. Der zweite, vielleicht noch interessantere Aspekt liegt darin, dass der Effekt der positiven Ausstrahlung zusammenbricht, wenn die Anteil nehmende Person im Mitgefühl vollständig aufgeht. Wenn jede Distanz verloren geht, geht auch die Fähigkeit verloren, hilfreich zu sein." Diese Aussage passt sehr gut zu den Erkenntnissen über den Zusammenhang zwischen Verstand, Gefühl und Körper, den Kapitel 4.5 behandelt.

Spiegelneurone liefern auch Erklärungen für zwischenmenschliche Missverständnisse und sie können Fehler erkennen: Unsere innere Simulation dessen, was der andere fühlt und plant, muss nicht zum richtigen Schluss führen. Unser Verstand ist hierbei wichtiges Korrektiv. Erst im Rückgriff auf beide Möglichkeiten schöpfen wir unsere Empathiefähigkeit voll aus. Spiegelneurone haben den Vorteil, dass sie schnell und spontan anschlagen. Das ist im Alltag oft wichtig, um auf unseren Nächsten richtig zu reagieren. Deshalb sollten wir auch darüber nachdenken, ob wir eine Handlung ausführen könnten und ihr körperlich gewachsen sind. Nachdenken erlaubt es uns dagegen eher, vom gewohnten Standard abzuweichen – dafür ist es aber ziemlich träge. Ein anderes Beispiel: Obwohl wir wissen, was den anderen stört, müssen wir uns nicht hierauf einstellen – wir können dies ignorieren. Letzte Frage: Können wir die Arbeit unserer Spiegelneuronen kontrollieren? Diese Antwort ist nicht abschließend geklärt, aber fest steht, dass wir deren Arbeit durch unsere bewusste Aufmerksamkeit beeinflussen können: Wenden wir uns vom Gegenüber ab, reagieren unsere Spiegelneurone deutlich schwächer.

7.4   Bindungen an ähnliche Menschen

Bei allen Fragen nach funktionierenden Beziehungen taucht eine immer wieder auf: Suchen wir uns Menschen, die so sind wie wir, oder suchen wir uns Menschen, die anders sind? „Gegensätze ziehen sich an!", sagt der Volksmund. Aber auch „Gleich und gleich gesellt sich gern!". Was denn nun: Suchen wir ähnliche Menschen oder solche, die sich von uns unterscheiden? Die Antwort vorweg: Der Volksmund hat in beiden Fällen recht! Warum? Zu Beginn einer Begegnung mit einem neuen Menschen kann es interessant für uns sein, Neues kennen zu lernen, um unsere eigene Persönlichkeit zu erweitern. Doch Langzeitstudien zeigen eindeutig, dass wir zu jenen Menschen stabile und befriedigende Beziehungen haben, die uns möglichst ähnlich sind. Für den Bereich Partnerschaft liefert eine Studie an 1.000 britischen Ehepartnern, in der die Ehepaare 42 Tests zu lösen hatten, deutliche Hinweise. Hierbei zeigte sich: Je mehr sich die Partner glichen, desto glücklicher waren sie mit ihrer Ehe. In Freundschaften ist es ähnlich: Übereinstimmung auf vielen Interessensgebieten ermöglicht die ausgeglichene und andauernde Beziehung zu Freunden.

Anfangs kann also ein Mensch am Arbeitsplatz interessant sein, der sich von uns unterscheidet; im Lauf der Zeit jedoch können sich in der Zusammenarbeit immer wieder gravierende Unterschiede zeigen, die das Zusammenarbeiten sogar unmöglich machen. Ein Beispiel: Ein Mitarbeiter, der stark durch Regeln und klare Abläufe geprägt ist, schätzt am neuen Kollegen in der ersten Zeit, dass dieser locker ist und ungewöhnliche Ideen hat; nach einiger Zeit jedoch stört ihn genau dies: Er hält ihn für sprunghaft, undiszipliniert und ungeordnet. Im ersten Moment mögen Gegensätze sich also tolerieren, vielleicht sogar anziehen; sobald zwei Menschen aber eng zusammen arbeiten müssen, stellen sie häufig fest, dass die Unterschiede zu Konflikten führen.

Die Vorliebe für Menschen, die uns ähneln, die in ihren Ansichten mit unseren übereinstimmen, ist wissenschaftlich bewiesen: Menschen, die uns ähneln, sind uns sympathisch, könnte das Ergebnis lauten. Und umgekehrt: Wir nehmen an, dass Menschen, die uns sympathisch sind, ähnliche Meinungen vertreten wie wir. Wir mögen Menschen, die uns mögen. Menschen im Arbeitsleben mit ähnlichen Merkmalen erhalten von uns einen Sympathiebonus, dies kann allein schon der gleiche Dialekt sein oder die gleiche Universität, die wir besucht haben. Bei Menschen, die die gleiche Kleidung tragen wie wir, steigt unsere Hilfsbereitschaft, das haben mehrere Studien gezeigt.

Von dieser Regel gibt es Ausnahmen: Dominante Menschen kommen nicht besonders gut mit anderen dominanten Menschen aus, die ebenfalls nach beruflichem Erfolg, Durchsetzung und Selbstentfaltung streben. Dominanz ist auf den Gegenpart angewiesen. Dies gilt auch für Unabhängigkeit und Autonomie: Wenn für den einen dieser Wunsch sehr stark ist, dann ist seine Zufriedenheit umso höher, je geringer der gleiche Wunsch bei dem anderen ist. Die Zusammenarbeit zwischen Menschen, bei der beide kompromisslos auf ihre Unabhängigkeit pochen, ist bald keine mehr.

Warum bevorzugen wir Menschen im Arbeitsleben, die uns möglichst ähnlich sind? Hierfür gibt es viele Gründe: Ein Grund ist, dass wir uns leichter in sie einfühlen können, indem wir unsere eigenen Reaktionen und Gedanken auf den anderen verallgemeinern – dies kostet uns nicht viel Energie. Ein anderer Grund ist, dass es für uns bestätigend und beruhigend ist, wenn unser Gegenüber denkt und handelt wie wir; es verringert unsere eigene Unsicherheit darüber, wie wir sein und denken sollten. Wir sehnen uns danach, dass der andere unsere eigenen Werte, Gefühle und Fähigkeiten spiegelt oder das, was wir sein möchten. Wir suchen eher Bestätigendes als das Infragestellen, denn es würde uns sehr viel Energie kosten, die damit verbundene Unsicherheit zu mindern. Die Medienwirkungsforschung weiß daher, dass wir vor allem jene Zeitung lesen, die uns in unseren Einstellungen bestätigt, jene Sendungen im Fernsehen sehen, die uns nahe sind und uns langfristig mit jenen Menschen umgeben, die so sind wie wir.

Wichtigster Vorteil der Ähnlichkeit ist, dass sich unsere eigenen Ziele und Werte mit jenen des anderen nicht behindern. Arbeitsbeziehungen beruhen auf Verträglichkeit. Verträglichkeit ist eine Beziehung, „in der sich die Beteiligten fördern oder wenigstens nicht behindern. Die beiden passen zueinander, die Beziehung ist kompatibel.", schreibt Beziehungsforscher Georg Felser in seinem Buch „Bin ich so wie du mich siehst?". Durch die Ähnlichkeit und Verträglichkeit gehen wir Auseinandersetzungen aus dem Weg, die Energie verbrauchen. Dass dies für den Energiesparer Mensch sehr wichtig ist, haben Sie in Kapitel 1.4. lesen können. Auch Psychologe Zimbardo erklärt unsere Suche nach Ähnlichkeit mit dem „verstärkenden" Charakter der Zustimmung: Wir gehen bei Menschen, die ähnliche Vorlieben und Abneigungen haben wie wir, den Weg des geringsten Widerstandes; Auseinandersetzungen, die Kraft verbrauchen würden, sollen vermieden werden. Je ähnlicher sich also zwei Menschen sind, desto geringer ist das Konfliktpotenzial und desto besser sind die Aussichten auf eine erfolgreiche Beziehung.

Wenn sich zwei Menschen ähnlich sind, bringt dies im Lauf der Zeit Sicherheit mit sich: Sicherheit, den anderen zu verstehen und Sicherheit, vom anderen nicht enttäuscht zu werden. Diese Sicherheit spielt übrigens im Lauf des Lebens eine zunehmende Rolle, weil unsere Ängstlichkeit mit dem Alter zunimmt. Interessant ist zu wissen, dass die Ähnlichkeit erstaunlich oberflächlich sein kann, wie im Fall des gleichen Geburtstages oder sogar des Geburtsmonats. Solche Merkmale sind normalerweise ziemlich nebensächlich und sagen über den Charakter der Person nur sehr wenig aus, trotzdem hilft die Ähnlichkeit. Wir mögen also jene Menschen langfristig lieber, die so sind wie wir. Und da wir selbst nicht perfekt sind, unsere kleinen Macken, Schwächen, Ecken und Kanten haben, lieben wir eben deshalb genau jene Menschen, die dies mit uns teilen: die also nicht perfekt sind, die ihre kleinen Macken, Schwächen, Ecken und Kanten haben. Wichtiger ist für uns, die innere Haltung des Menschen zu kennen. Noch einmal: Einige Unterschiede können interessant und bereichend sein für unsere Beziehungen am Arbeitsplatz. Wir lernen von anderen Menschen und können deren Meinungen prüfen und übernehmen. Grundsätzliche Unterschiede jedoch scheinen sich deutlich negativ auf unsere Arbeitsbeziehungen auszuwirken.

8. Wirkung von Menschen: Präsenz und innere Bilder

Abschließende Frage: Welche grundsätzlichen Wirkungen können Menschen im Arbeitsleben in unserem Gehirn hinterlassen? Antwort: Sie können in unserem Gehirn als klare, innere Vorstellungsbilder präsent sein, die wir spontan aktivieren können, zum Beispiel wenn wir an die Person denken.

8.1 Menschen sind in unserem Gehirn präsent

Die erste Wirkung, eines Menschen in unserem Kopf ist, dass er dort präsent ist. Sie haben in Kapitel 1 erfahren, dass wir Menschen und deren Eigenschaften lernen und als neuronale Netzwerke in unserem Kopf verankern. Dies setzt voraus, dass dieses neuronale Netzwerk immer wieder aktiv ist; geschieht dies nicht, können die aufgebauten Verbindungen verschwinden. Erinnern Sie sich an das Bild des Weges von Hüther, der überwuchert und schließlich aus der Gehirnlandschaft verschwindet, wenn er nicht immer neu beschritten wird. Umgangssprachlich würden wir sagen, dass wir nicht spontan an eine Person gedacht haben, zum Beispiel wenn wir die Einladung zu unserem persönlichen Firmenjubiläum schreiben, oder dass wir einen ehemaligen Kollegen überhaupt vergessen haben und uns nach einigen Jahren nicht mehr an diesen erinnern können.

Mitunter kommt uns eine Person deshalb in den Kopf, weil wir in einem Restaurant zum Geschäftsessen sitzen, in dem wir bereits mit einem anderen Kollegen waren. Wir stellen fest, dass wir schon lange nicht mehr an diesen Kollegen gedacht haben. In diesem Fall kam also die Präsenz nicht durch den Gedanken an den Kollegen selbst, sondern diese wurde ausgelöst durch andere Informationen, die wir im Zusammenhang mit der Person abgespeichert haben. Indem wir Menschen als neuronale Netzwerke abspeichern, können wir die Erinnerung an sie von jedem anderen beliebigen Punkt des Netzwerkes aus aktivieren, also zum Beispiel auch dadurch, dass wir in der Parfümerie deren Duft riechen oder beim Herrenschneider deren Krawatte entdecken.

Ein Mensch im Arbeitsleben muss sich also in lebendiger Erinnerung halten, um in unserem Gehirn zu wirken. Genau genommen können Sie diese gedankliche Präsenz in Stufen unterscheiden:

- Die unterste Stufe wäre, wenn uns eine Person im Arbeitsleben unbekannt wäre, zum Beispiel die Mitarbeiterin einer bestimmten Abteilung im Unternehmen.

- Die nächste Stufe wäre, dass wir uns an sie erinnern, wenn uns jemand an sie erinnert, zum Beispiel indem wir den Namen auf der Telefonliste sehen. Dies ist vergleichsweise einfach, weil wir nicht viel nachdenken müssen.

- Stufe drei verlangt von uns mehr Gedankenarbeit und eine stärkere Wirkung der Person: Auf dieser Stufe würden wir uns aktiv an den Namen der Person erinnern. Beispiel: Eine Stelle wird frei – mit wem könnten wir diese besetzen? Wir brauchen diese Stufe auch, damit uns die Webadresse der Person einfällt, die mit deren Namen identisch ist. Wir erinnern uns aber nur dann an diesen Namen, wenn der Mensch bedeutend genug für uns ist und wir oft genug seinen Namen hören.

- Die vierte Stufe auf der Bekanntheitsskala ist, dass uns diese Person von allen als Erste einfällt, wenn wir an Mitarbeitende der Personalabteilung denken. Diese Person ist für uns besonders wichtig oder wir haben am meisten mit ihr zu tun.

- Stufe fünf bedeutet, dass wir überhaupt nur eine Person mit dieser Eigenschaft oder aus einer bestimmten Abteilung kennen, sie wäre exklusiv bekannt.

Bekannt ist also nicht bekannt: Menschen im Arbeitsleben speichern wir im Hinblick auf ihre gedankliche Präsenz in unterschiedlichen Stärken. Wer Sieger ist, entscheidet entweder, dass wir sehr häufigen Kontakt zu dieser Person haben oder dass sie eine herausragende emotionale Bedeutung für uns hat. Der Grad der Bekanntheit einer Person hängt eng mit unserer Sympathie für sie zusammen: Je präsenter, desto symapthischer, in der Fachsprache „mere exposure effect" genannt. Menschen, die uns bekannt und vertraut sind, weil sie uns ständig umgeben, schätzen wir als sympathischer ein.

8.2 Menschen als Vorstellungsbilder in unserem Gehirn

Menschen im Arbeitsleben sind als Vorstellungsbild in unserem Kopf repräsentiert. Dieses Vorstellungsbild, das wir von ihnen haben, ist das Ergebnis aus allem, was wir von der Person wissen, was wir meinen und über sie fühlen. Wir wollen und müssen uns ein Vorstellungsbild von einer anderen Person machen, damit wir entscheiden können, wie wir uns dieser Person gegenüber verhalten und auch, ob dieser andere Mensch für das Erreichen unserer Ziele wichtig ist. Diese Vorstellungsbilder sind kein originalgetreues Abbild der Menschen, denen wir auf der Arbeit begegnen, sondern dieses Bild ist höchst subjektiv und sehr stark durch unsere Erfahrungen und Erwartungen beeinflusst. „Die Welt existiert nur als subjektives Erleben und Abbild der Wirklichkeit im Kopf eines jeden Einzelnen und hat oft genug nur wenig mit den Bildern gemeinsam, die in den Köpfen anderer Menschen existieren", schreibt Friedhelm Schwarz in seinem Buch „Muster im Kopf".

Diese Vorstellung entsteht durch eine aktive, höchst selektive Auswahl und Bewertung durch unser Gehirn. Kein Mensch kann sagen, wie die „Wirklichkeit" tatsächlich aussieht, weil wir alle unsere Vorstellungen von der Welt und den Menschen bilden. Wir empfangen nicht ein Bild, sondern wir machen uns ein Bild. Die gleiche Person kann bei anderen Menschen völlig unterschiedliche Vorstellungsbilder erzeugen, denn für das Entstehen eines Vorstellungsbildes ist die Bedeutung wichtig, die diese Person bei den Menschen hat. Und: Der gleiche Mensch kann selbst bei uns unterschiedliche Bewertungen hervorrufen, je nachdem, ob wir ihn als Kollegen, Vorgesetzten oder Mitarbeiter bewerten. Unser Gehirn legt Vorstellungsbilder nach der Bedeutung an, die WIR diesem Menschen geben und nicht danach, welche Bedeutung der Mensch gern hätte.

Begegnen wir einem fremden Menschen, entsteht in unserem Kopf eine Vorstellung von seinem Wesen, noch bevor er überhaupt den Mund aufgemacht hat: Freund oder Feind? Intelligent oder dumm? Schüchtern oder zupackend? Fröhlich oder traurig? Im Handumdrehen ist auf diese Weise in unserem Hirn ein Phantasiegebilde entstanden, das sich von unserem Gegenüber dadurch unterscheidet, dass es mit unseren Erinnerungen, Erfahrungen und Emotionen verwoben ist. Wir empfangen nicht ein Bild, sondern wir machen uns ein Bild.

Was in den vorangegangenen Kapiteln auch deutlich geworden ist: Unser Gehirn ist nach der Begegnung mit einem Menschen im Arbeitsleben nicht mehr das gleiche Gehirn wie zuvor. Folglich ist auch jede nächste Begegnung neu, da unser Gehirn das Vorstellungsbild vom Menschen neu erstellt, was durch die letzte Begegnung beeinflusst ist. Beim Gedanken an Menschen ruft also unser Gehirn gespeichertes Wissen ab, Assoziationen entstehen, also Gedankenverknüpfungen. Diese Assoziationen können aus allem bestehen, was wir über die Person wissen, was wir über sie meinen. Solche Urteile sind zum Beispiel Meinungen über die Person, Wünsche und Erwartungen, die wir an sie richten. Gemeinsam mit unseren Urteilen und Erfahrungen legen wir ein Körpergefühl ab. Beim Gedanken an die Person rufen wir aus dem Gedächtnis heraus jene Erfahrungen auf, die wir mit der Person verbinden – und die damit verbundenen entsprechenden Körperzustände. Ergebnis ist, dass wir bei bestimmten Merkmalen und Eigenschaften an eine Person denken und umgekehrt: Denken wir an die Person, fallen uns viele Assoziationen zu ihr ein. Diese Eigenschaften können sich auf die Leistung des Menschen beziehen oder sie können sich auf ein bestimmtes Gefühl beziehen, das wir mit dieser Person verbinden, zum Beispiel „Bietet uns Sicherheit". Beides kann kombiniert sein.

Die Begegnungen mit Menschen im Arbeitsleben können neue Netzwerke aufbauen wie im Fall von Personen, die wir vorher nicht kannten und denen wir jetzt bestimmte Eigenschaften zuschreiben. Menschen können vorhandene Gedächtnisstrukturen stärken oder vertiefen, indem sie Wertungen von uns bestärken, die wir schon vorher von ihnen hatten. Sie können alte Gedächtnisstrukturen überschreiben oder löschen, indem wir sie neuartig erleben und Dinge anders wahrnehmen als zuvor. Zum Beispiel ist eine Person hilfsbereiter, als wir sie bisher kannten. Menschen können auch Gedächtnisinhalte erweitern, indem wir Seiten an ihnen kennen lernen, die wir vorher noch nicht kannten.

Vorstellungsbilder und Verhalten

Die Frage ist: Welche Bedeutung hat das Vorstellungsbild von einem anderen Menschen für unser Verhalten ihm gegenüber? Antwort: Entscheidende! Haben wir ein eher negatives Vorstellungsbild von einer Person, sind wir eher zurückhaltender und unterstützen diese Person weniger in der Erreichung von deren Zielen; dagegen führt ein positives Image eher dazu, dass sich Menschen im Arbeitsleben positiv verhalten.

Der Zusammenhang von Vorstellungsbild und Verhalten stellt sich in folgenden Stufen dar:

- Erstens, die Person muss uns bekannt sein – wen wir nicht kennen, von dem können wir uns kein Vorstellungsbild machen.

- Zweitens, wir bewerten die Person anhand der Merkmale, die wir von ihr kennen sowie der Bedeutung, die diese Merkmale für uns haben.

▪ Ergebnis ist, drittens, dass eine Bereitschaft entsteht, uns diesem Menschen eher positiv oder eher negativ gegenüber zu verhalten.

▪ Diese Bereitschaft kann, viertens, unser Handeln auslösen – sie muss es aber nicht, zum Beispiel dann, wenn die Situation dies nicht zulässt oder jemand unser Handeln verhindert.

Diese Kette ist nicht statisch zu sehen, sondern sie funktioniert auch in umgekehrter Richtung: Hat uns eine bis dahin unbekannte Person in unserer Arbeit unterstützt, kann sich dies entscheidend auf unser Vorstellungsbild von dieser Person auswirken.

Zur Wirkung einer anderen Person können wir auch die Zusammenhänge dieser Wirkungskette heranziehen: Warum kennen wir die Person und finden sie sympathisch, aber sind nicht bereit, sie bei ihren Plänen zu unterstützen? Warum sind wir zwar bereit, tun es aber dann nicht? Vielleicht können, wollen oder dürfen wir nicht. Interessanterweise liegen in unserem Gehirn die Vorbereitung einer Handlung und deren Durchführung in zwei unterschiedlichen Hirnsystemen. Das Gehirn scheint also beides zu trennen und somit zu ermöglichen, dass wir zwar einem Menschen gegenüber grundsätzlich in einer bestimmten Art und Weise handeln würden; tatsächlich tun wir es aber nicht.

8.2.1 Vorstellungsbilder sind komplex und dynamisch

Vorstellungsbilder von Menschen in unserem Kopf sind vielgestaltig und ändern sich: Vorstellungsbilder von anderen Menschen entstehen schnell, mitunter in Sekundenschnelle, aber sie festigen sich langsam: Anfangs reicht schon eine einzige, aber wichtige Information aus, um unser Bild von einem Menschen am Arbeitsplatz zu bestimmen. Je mehr Informationen wir über eine Person besitzen, desto breiter und zuverlässiger wird unser Vorstellungsbild: Haben wir nur wenige Informationen, entsteht in uns ein schlichtes, oft stark vereinfachtes Bild, wir greifen auf Muster beziehungsweise Stereotype zurück (siehe Kapitel 1.2). Verfügen wir dagegen über viele Informationen, kann in unserem Gehirn ein facettenreiches Vorstellungsbild von der Person entstehen.

Im Lauf der Zeit und mit immer neuen Informationen und Erfahrungen wird das Vorstellungsbild von der Person stabil: An die Person und die Erfolge des Firmenchefs erinnert sich das kollektive Gedächtnis eines Unternehmens oft noch viele Jahre lang zurück. Mitunter werden, wie bei Hewlett-Packard und Zeiss, noch Jahrzehnte nach dem Tod des Firmenchefs dessen Geschichten erzählt, weil sie die Werte des Unternehmens spiegeln. Starr ist das Vorstellungsbild aber nie, wie uns der Blick in dynamische, komplexe und hoch vernetzte Gehirne gezeigt hat (Kapitel 1.1): Selbst wenn wir eine Person viele Jahre lang kennen, kann sich unser Bild schlagartig ändern, wenn wir etwas Gegenteiliges über die Person erfahren: Ursprünglich konnten wir sie als kollegial einschätzen, aber dann andere Erfahrungen mit ihr machen.

Nicht alle Merkmale, die wir mit einer Person verbinden, sind gleich wichtig: Bestimmte Eigenschaften der Person sind uns besonders wichtig, wie deren Zuverlässigkeit und Teamgeist, andere weniger. Gelingt es der Person, die uns wichtigen Eigenschaften deutlich zu zeigen und bei uns zu stärken, dann nehmen wir Eigenschaften in Kauf, die wir als weniger günstig, aber auch wenig bedeutend beurteilen, wie zum Beispiel ihre Unordnung. Diese Erkenntnis steht im Widerspruch zu den Empfehlungen vieler Bücher, seine Stärken und Schwächen ausführlich aufzudecken und diese dann allesamt anzugehen. Das dauert nicht nur Jahre, wenn dies überhaupt gelingt – wer wüsste nicht, wie schwierig es ist, uns selbst die kleinsten Macken auszutreiben! Dies ist nach diesen Erkenntnissen auch überflüssig, weil andere Menschen uns sehr wohl unsere kleinen Schwächen verzeihen, solange wir für sie zuverlässig und bedeutend in jenen Punkten sind, die für sie wichtig sind.

Eine Person nehmen wir also ganzheitlich wahr. Nehmen wir das Äußere, die Kommunikation und ihr Verhalten nicht widerspruchsfrei als Ganzes wahr, können Brüche in unserer Wahrnehmung entstehen, die zum Verlust unseres Vertrauens führen können. Zum Vorstellungsbild, das wir uns von der Person machen, gehören aber auch Informationen und Meinungen, die wir aus anderen Quellen erhalten, also nicht von der Person selbst. Zu diesen Quellen können unsere Kollegen zählen und Menschen, deren Meinung uns wichtig ist. Besonders die Erfahrungen und die Meinung Dritter kann uns bei der Einschätzung einer Person besonders interessieren.

8.2.2 Superdimension klares Vorstellungsbild

Gibt es eine herausragende Eigenschaft, durch die Vorstellungsbilder unser Verhalten besonders stark beeinflussen? Ja, es gibt sogar zwei: Die Lebendigkeit des inneren Vorstellungsbildes von einer Person und die Sympathie dieses Bildes. Lebendigkeit bedeutet, wie klar und deutlich das Bild von der Person ist, das vor Ihrem inneren Auge erscheint, wenn Sie an die Person denken: Ist es klar und deutlich wie die Realität oder eher unklar und verschwommen? Die Forschung hat in vielen Studien herausgefunden, dass die Klarheit unserer Vorstellungen unser Verhalten sehr gut erklären kann. Diese Klarheit ist so wichtig für uns, dass sie von Forschern als „Superdimension" bezeichnet wird.

Wie entsteht die Klarheit unseres inneren Bildes von einer Person? Die Klarheit entsteht zum Beispiel durch Kontrast: Je stärker sich jemand von anderen unterscheidet, desto klarer und deutlicher wird unser Bild – die Person wird zum Gesicht in der Menge. Sie hat Profil. Wir wissen, was wir von der Person erwarten können, aber auch, was wir nicht von ihr erwarten können (zur Bedeutung von Erwartungen siehe Kapitel 1.3.2). Neben der Klarheit unseres Vorstellungsbildes ist entscheidend, ob uns dieses eher angenehm oder unangenehm ist, sympathisch oder unsympathisch. Beide Eigenschaften, die Klarheit und die Sympathie hängen miteinander zusammen: Je klarer unser Bild von einer Person ist, desto sympathischer ist es uns. Welches Bild entsteht vor Ihrem inneren Auge, wenn Sie an Ihre Lieblingskollegin denken? Immer sind dies vor allem klare, sympathische innere Bilder!

Die Vorstellungsbilder, die wir von Menschen im Arbeitsleben gespeichert haben, dienen dem Erkennen und Unterscheiden dieser Menschen: Wir ordnen ihnen manchmal rasend schnell und eindeutig Eigenschaften zu. Wir wissen, was diesen Menschen kennzeichnet, was ihn von anderen Menschen im Arbeitsleben unterscheidet. Wir wissen, welche Bedeutung dieser Mensch für uns hat und können so entscheiden, wie wir uns diesem Menschen gegenüber verhalten. Was Sie auch erfahren haben: Je ähnlicher uns dieser Mensch ist, desto sympathischer finden wir ihn und desto beständiger kann die Beziehung zu ihm werden (Kapitel 7.4).

Wenn wir ein klares Vorstellungsbild von einer Person haben, dann können wir einschätzen, was sie kann und was sie nicht kann. Wir wissen, was wir von ihr erwarten können, aber auch, was wir nicht erwarten können. Jene Menschen, die alles für uns sein wollen, sind für uns nichts mehr, weil wir kein klares Bild von ihnen haben. Manchen Menschen fehlt ein klares Profil: Wir können sie nicht richtig einordnen, weil wir nicht wissen, wofür sie stehen – und wofür nicht. Haben wir ein klares, deutliches Bild von diesem Menschen oder blicken wir durch ihn nie so richtig hindurch, wie man im Volksmund sagt? Wir spüren, dass diesen Menschen ein eigenes Verständnis dafür fehlt, wer sie sind und was sie wollen. Ergebnis ist, dass wir bei diesen Menschen zurückhaltender sind als bei anderen Menschen, von denen wir ein klares Bild haben, von denen wir wissen, was sie kennzeichnet, was sie einzigartig und für uns so anziehend macht. Deren klares Profil gibt uns Halt und Orientierung: Sie zeigen uns, auf was wir uns verlassen können und was sich ändert, damit wir die Person immer neu erleben und die Person für uns interessant bleibt. Wir können unser Handeln und unsere Pläne danach bewerten, was wir von der Person erwarten können – und was nicht. Wichtig ist noch einmal zu betonen, dass ein klares Vorstellungsbild auch davon geprägt sein kann, dass die Person Ecken und Kanten besitzt.

8.2.3 Speichern von Menschen als innere Bilder

Innere Bilder, in der Fachsprache als Imageries bezeichnet, haben eine besondere Bedeutung für die Wirkung von Menschen, denn sie repräsentieren Menschen im Arbeitsleben direkter und wirksamer als sprachliche Vorstellungen. Dahinter stehen Erkenntnisse der Imagery-Forschung, dass mentale Prozesse nicht nur verbal, sondern vor allem bildhaft ablaufen.

Menschliches Denken und Fühlen sind stark bildhaft: Wir träumen in Bildern, wir orientieren uns anhand von inneren Bildern, wir erinnern in Bildern. Wir nutzen die Macht innerer Bilder, zum Beispiel in Politik und Werbung. Leistungssportler nutzen innere Bilder, um neue Bewegungsabläufe zu lernen und sich gedanklich in den Sieg hineinzusehen. Die Wirkung ist so stark, dass schon allein die Vorstellung an die Bewegung die entsprechenden Muskeln physikalisch verändern kann. Opernsänger stellen sich beim Singen ein „i„ vor, weil dies den Kehlkopf am stärksten öffnet, selbst wenn sie tatsächlich ein „o" singen. Dass sich innere Vorstellungsbilder physiologisch nachweisbar auf die Muskulatur auswirken, belegen die Studien zum „Motor Imagery", dem Vorstellen von Bewegungen: In einer Studie hatten zwei gleich starke Gruppen von Hochspringern etwa zwei Wochen lang ihre Technik verfeinert. Ein Team trainierte nur körperlich, das andere nur mental, indem die Mitglieder geistige Filme vom Sprung anfertigten. Sie gingen lediglich den gesamten Ablauf vor dem inneren Auge durch: Sie sahen, wie sie anliefen, jeden Schritt, den Absprung, den Flug über die Latte und die Landung. Das verblüffende Ergebnis: Beide Teams hatten ihre Leistungen gleichermaßen verbessert.

Gedächtniskünstler nutzen die Tatsache, dass unser Gedächtnis stark bildhaft organisiert ist und Bilder besser und einfacher erinnert werden: Steffen Bütow, der den deutschen Rekord hält, merkt sich in 57 Sekunden die Reihenfolge eines Satzes von 52 Spielkarten. Jede Spielkarte, die er sich merken möchte, verwandelt er vor seinem inneren Auge in eine Geschichte – je ausgefallener und fantasievoller, desto einprägsamer. Steffen Bütow verbindet Dinge, die er nicht vergessen will, mit Plätzen eines vorher ausgetüftelten Spaziergangs – zum Beispiel im Badezimmer. 52 Stationen kennt er dort in fester Reihenfolge auswendig. In der Wissenschaft heißt die Methode, die Bütow für seine Rekorde nutzt, Loci-Technik. Schon Aristoteles, Cicero und Thomas von Aquin haben sie bei längeren Reden benutzt. Der Trick liegt in der Art der Verknüpfung: Abstrakte Zahlen und Informationen wandeln sich zu lebendigen Bildern und prägen sich ein. Ergebnis: Jede Information ist mit einem inneren Bild verknüpft. Ein Beispiel: Angenommen, Sie möchten eine Liste der römischen Kaiser auswendig lernen. Stellen Sie sich Ihr Büro-Zimmer vor: Das Regal steht für

Nero, die Türe für Caligula und Ihr Tisch für Marc Aurel. Über diese bildhaften Assoziationen wird es Ihnen deutlich leichter fallen, die Liste zu lernen und anschließend abzurufen.

Die Wirkung von Bildern reicht also von der Aktivierung bis hin zur Manipulation über den „Königsweg" innerer Bilder und die mit ihnen assoziierten Gefühlswelten. Auch Texte können innere Bilder hervorrufen: Konkrete Worte wie Berg oder Wiese, die sich auf reale Gegenstände beziehen, oder emotionale Worte wie „Liebe" oder „Hass", verarbeiten wir schneller und erinnern wir besser als abstrakte Worte wie Nanotechnologie, weil sie innere Bilder und Gefühle in uns hervorrufen. Der Erfolg der Harry Potter-Bücher gründet darin, dass die Autorin innere Bilderwelten in den Lesern entstehen lässt, ohne ein einziges Bild zu zeigen. Jeder von uns kennt das Gefühl, dass ein Film zum Buch wenig berührt oder sogar enttäuscht. Grund ist, dass die eigene, durch den Text hervorgerufene Bilderwelt, stärker berührt, als jene, die der Regisseur vor seinem inneren Augen gesehen und im Film umgesetzt hat. Wenn ein Film jedoch unsere eigene Bilderwelt trifft, wie bei allen starken Kino-Filmen der Fall, ist die Wirkung des Films umso größer.

Die Wirkung innerer Bilder von Menschen geht laut neuerer Hirnforschungen so weit, dass die Vorstellung von einem Gesicht dieselben Hirnareale aktiviert, die beim Sehen dieses Gesichts aktiv sind. Innere Bilder sind also im wahrsten Sinne des Wortes „innere Bilder", die jene Hirnregionen erzeugen, die auch beim Sehen von realen Bildern aktiv sind. Mehr noch: Innere Bilder können über das reine Wiederherstellen von Gesehenem hinausgehen und weitere innere Bilder entstehen lassen. Wissenschaftler sprechen vom „Dritten Auge". So können beim Gedanken an einen Porsche weitere Bilder entstehen wie das den Nachbarn, der beim Anblick des Porsche vor Neid erblasst. Beim Gedanken an Menschen im Arbeitsleben malen wir uns Situationen aus, die wir mit den Menschen erleben könnten.

Bedeutung innerer Bilder

Wie stark solche inneren Bilder wirken, ist leicht anhand einiger Beispiele erklärt:

■ *Wir erinnern uns in Bildern:*
Wenn wir an sehr bewegende Momente in unserem Arbeitsleben zurückdenken, dann entstehen in uns innere Bilder – vom Lachen eines Kollegen, den wir sehr mögen, und Bilder von einer erfolgreichen Rede, die wir gehalten haben, und auf die wir sehr stolz sind.

■ *Wir orientieren uns durch Bilder:*
Wir wissen, wie wir morgens zur Arbeit kommen, weil wir das innere Bild vom Weg zur Arbeit gespeichert haben. Und wir wissen, wie wir zur Kantine kommen.

■ *Wir entscheiden anhand von Bildern:*
Wir können anhand unserer inneren Bilder entscheiden, welchen Kollegen wir bei einem schwierigen Problem um Hilfe bitten, weil und noch sehr lebendig und bildhaft in Erinnerung ist, wie dieser uns schon einmal aus einer kniffligen Situation befreit hat.

■ *Innere Bilder sprechen stark an:*
Was uns beim Lesen eines Romans fesselt, sind die inneren Bilder von Personen und Situationen, die in uns entstehen. Wir beteiligen uns dann am stärksten an der Sammelaktion zum Geburtstag eines Kollegen, wenn wir ein sehr angenehmes Bild erinnern.

Einige Beispiele für starke innere Bilder von Menschen aus der Werbung: Welches entsteht, wenn Sie an Marlboro denken? Sicher Cowboys und der wilde Westen. Und wenn Sie an die Hamburg-Mannheimer denken? Sicher das Bild von Herrn Kaiser, auch wenn es ihn in der Werbung schon viele Jahre lang nicht mehr gibt. DHL? Brüder Gottschalk! Anhand solcher innerer Bilder können Sie diese Marken schnell erkennen, von anderen unterscheiden und attraktiv finden.

In inneren Bildern und Welten bewegen wir uns 30 bis 40 Prozent unserer Wachzeit, so die Studie von Eric Klinger, die Mario Pricken in seinem Buch „Visuelle Kreativität" zitiert. Sein Fazit: „Fantasiebilder, Vorstellungsbilder und Tagträume sind so normal und universell, dass sich die meisten Menschen darüber gar nicht bewusst sind, dass sie sich täglich diesem Vergnügen ausgiebig hingeben."

Von inneren Bildern sprechen die Wissenschaftler nicht nur bei bildhaften Erinnerungen, sondern sie können sich auf den Geruch der Person beziehen oder darauf, wie sich der Händedruck angefühlt hat. In diesen Fällen sprechen die Forscher von Geruchs- oder Tastbildern. Überragend für die Wirkung von Menschen sind jedoch die bildhaften Erinnerungen.

Innere Bilder können unser Verhalten nachhaltig ändern. Sie wirken auf unser Denken und Handeln. Bilder von Menschen im Arbeitsleben sind also erst dann verhaltenswirksam, wenn sie in unserem Gedächtnis verankert sind. Einmal im Gedächtnis verankert, entfalten die Bilder von Menschen ihre Wirkung auf unterschiedlichen Wegen: Einerseits können sich die mit inneren Bildern verknüpften Emotionen auf unsere Einstellungen gegenüber dem Menschen auswirken. Die positiven Emotionen, die ein Firmenchef auslöst, übertragen wir auf die Produkte und Leistungen des Unternehmens. Andererseits sind Einstellungen, die mit inneren Bildern verknüpft sind, besonders schnell verfügbar und wirken sich auf das Verhalten aus, zum Beispiel, wenn wir uns überlegen, für welchen Vorgesetzten wir gern arbeiten würden. Jene Person, die es schafft, innere Bilder und positive Einstellungen in uns abzurufen, hat bessere Chancen, Sieger unserer Entscheidung zu sein.

Folgende Dimensionen innerer Bilder sind besonders verhaltenswirksam:

- *Lebendigkeit:* Die Klarheit innerer Bilder gilt als wichtigste und verhaltenswirksamste Dimension. Je klarer und lebendiger das innere Bild, desto stärker wird es unser Verhalten beeinflussen.

- *Gefallen:* Die Klarheit innerer Bilder hängt eng mit deren Anziehungskraft zusammen: Je klarer ein positives Bild, desto anziehender empfinden wir es.

- *Leichter Zugriff:* Um zu wirken, muss das innere Bild der Person schnell verfügbar sein – nur so wird sie eine schnelle Entscheidung auslösen können.

- *Aktivierung:* Die Aktivierungsstärke drückt das Maß an innerer Erregung aus, die das innere Bild in uns auslöst. Die Studien von Siegfried Frey, die Kapitel 4.5.1 darstellt, zeigen, dass manche Menschen uns wesentlich stärker aktivieren können als andere – umgangssprachlich hat die Person „Ausstrahlung", „Charisma".

Innere Bilder spielen auch beim Beurteilen neuer Menschen eine besonders bedeutende Rolle: Der Grund ist, dass wir fehlenden Informationen über die Person mit Vorstellungsbildern begegnen.

8.2.4 Vertrauen durch klare Vorstellungsbilder

Vertrauen ist die Grundlage der Beziehung von Menschen. Haben wir Vertrauen in eine andere Person, erleben wir diese als zuverlässig – wir erwarten, dass wir uns auf die Aussagen und Versprechungen von Menschen verlassen können. Zuverlässig und berechenbar ist ein Mensch für uns dann, wenn wir die Person als stabil und kontinuierlich erleben. Nach dem Soziologen Niklas Luhmann zeigt sich der Mensch als „als ordnendes und nicht willkürliches Zentrum eines Systems von Handlungen". Wir nehmen das Risiko als gering wahr, dass uns das Gegenüber enttäuscht.

Haben wir ein klares Vorstellungsbild von einer Person und ist sie vertrauenswürdig (unseres Vertrauens würdig), können wir entscheiden, ohne lange zu
überlegen und ohne lange vergleichen zu müssen. Das Vertrauen, das wir in
eine Person haben, können wir auf seine Leistung übertragen oder auch auf das
Unternehmen, das dieser Mensch führt. Die aktuelle Forschung zeigt hierzu,
dass unser Gehirn umso schneller entscheiden kann, je klarer unser Vorstellungsbild ist. Dies kann sich sogar finanziell auswirken: Wir sparen möglicher-
weise Kosten, die wir ausgegeben hätten, um das Risiko zu verringern, wie
Informationskosten für die Suche nach Alternativen oder Geld zum Abdecken
von Risiken durch eine Versicherung. Zuverlässige Menschen sind für uns wie
Versicherungen: sie nehmen uns Risiko ab. Wolf Lotter schreibt in der brand
eins vom Februar 2005: „Vertrauen ist eine Methode, die unser Leben leichter
macht, weil das Unbekannte nicht für immer gefährlich bleibt, sondern mit der
Zeit zu einer vertrauten Sache wird. Das ist die Grundlage für eine gute Beziehung oder für das, was in der Wirtschaft ein gutes Geschäft genannt wird."

Wir vertrauen aber nur jenem Menschen, den wir kennen. Das Vertrauen in die
Person soll den Grundstein für eine langfristige Beziehung legen, denn wir bleiben nur dem treu, dem wir vertrauen.

9. Fazit: Was tun mit den Erkenntnissen?

„Was kann ich mit den Erkenntnissen für meinen Berufsalltag anfangen?", werden Sie vielleicht jetzt am Ende dieses Buches fragen. Zum einen hoffe ich, dass die Erkenntnisse Ihr Interesse geweckt haben. Falls ja, können Sie dieses in der weiterführenden Literatur vertiefen. In jedem Kapitel habe ich Ihnen hierzu Buchtipps genannt und wichtige Autoren angeführt. Zum anderen schauen wir uns jetzt wichtige Ergebnisse noch einmal daraufhin an, wie Sie diese praktisch in Ihrem Arbeitsleben anwenden können.

Der Streifzug durch Studien zur Wirkung von Menschen im Arbeitsleben hat viele interessante Ergebnisse erbracht: Menschen sind als neuronale Netzwerke in unserem Kopf repräsentiert – Netzwerke, die sich messen und sogar hören lassen, denn Nervenzellen ‚feuern', wenn sie aktiv sind. Sie können diese neuronalen Netzwerke abrufen: Was fällt Ihnen spontan ein, wenn Sie an eine andere Person in Ihrem Berufsumfeld denken? Welche Sinneseindrücke, wie Farben, Getastetes, Gehörtes? Welche Geschichten fallen Ihnen zu diesem Menschen ein? Welche Symbole, wie zum Beispiel dessen Schmuck und Kleidung. Je mehr Assoziationen wir zu einer Person haben, desto reichhaltiger und facettenreicher ist unser Vorstellungsbild. Jene Assoziationen, die Ihnen als erstes einfallen, dürften sich auf Ihr Verhalten dieser Person gegenüber am stärksten auswirken.

Bei allen Assoziationen sind die bildhaften am wichtigsten, zum Beispiel indem Sie Handlungen der Person vor Ihrem geistigen Auge sehen können: wie geleistete Hilfe, als Sie unter großem Zeitdruck eine Arbeit erledigen mussten. Also: Was sehen Sie vor Ihrem geistigen Auge, wenn Sie an eine bestimmte Person an Ihrem Arbeitsplatz denken? In welchem Rahmen, auf welcher Bühne sehen Sie die Person? Hilfreich ist auch, wenn Sie sich fragen, welches Bild an die erste Begegnung mit diesem Menschen entsteht? Welches stärkste Bild verbinden Sie mit dieser Person? Was ist ihre letzte bildhafte Vorstellung? Solche bildhaften Erinnerungen wirken sich auf Ihr Verhalten gegenüber dieser Person besonders stark aus.

Wenn Sie alle diese Fragen beantworten, sollten Sie nicht vergessen, dass Sie hierbei Ihren Verstand einschalten und nur einen begrenzten Ausschnitt aus dem gesamten Wirkgeschehen anderer Menschen auf Sie erfassen. Beziehen Sie daher auch Ihre Emotionen und Körperzustände ein, denn alle diese Assoziationen sind damit verbunden. Sie geben Ihnen Auskunft darüber, ob Sie diese Person mögen. Sie können fühlen, was Sie ganz besonders mögen und was überhaupt nicht. Vermittelt die Person ein gutes Gefühl von Bindung und kollegialer Fürsorge? Fühlen Sie sich in ihrer Nähe wohl? Prüfen Sie auch Ihre Körperreaktionen, die diese Person in Ihnen auslöst: Haben Sie ein wohliges Gefühl im Bauch? Läuft es Ihnen eiskalt den Rücken herunter? Verspannen Sie sich oder lockert Sie der Gedanke an die Person auf?

Viel wichtiger als Wirkungen, die Ihnen bewusst sind, sind die unbewussten Wirkungen, die andere Menschen auf Sie ausüben. Unsere Bewertungen von Menschen im Arbeitsleben erfolgen in sehr komplexen, dynamischen Prozessen, die uns weitgehend verborgen bleiben. Wir nehmen zwar an, dass wir Menschen bewusst und kritisch begegnen, dass wir Informationen sorgfältig prüfen, die wir von diesen Menschen erhalten; doch scheint es eher so zu sein, dass wir erst einmal nur wenige Merkmale der Person für unser erstes Spontanurteil heranziehen, wie zum Beispiel deren Attraktivität. Aber auch die weiteren Wirkprozesse verlaufen so, dass Sie hiervon kaum etwas bewusst mitbekommen und bei Befragen Auskunft geben könnten. Da Sie also keinen Zugriff auf die unbewussten Prozesse erhalten, wenn Sie Ihren Blick nach innen lenken, empfehle ich Ihnen die Sicht von außen: Hierzu können Sie zum einen feststellen, wie Sie sich der Person gegenüber verhalten – Ihr Verhalten entsteht ja als Ergebnis Ihrer Interpretationen und Bewertungen. Indem Sie dieses sorgfältig beobachten, können Sie weitere wichtige Aufschlüsse über die Wirkung von Menschen im Arbeitsleben erhalten – denken Sie zum Beispiel daran, was Sie im Kapitel über die Transaktionsanalyse über Ihre Reaktionen auf andere Menschen erfahren haben und wie diese wiederum auf Ihre Reaktion antworten. Ebenso könnte Ihnen helfen, wie andere Sie und Ihre Reaktionen auf andere Menschen erleben.

Sie haben in diesem Buch erfahren, wie wichtig Ihre Erfahrungen für die Wirkung von Menschen sind. Die Begegnung mit Menschen am Arbeitsplatz ist deshalb höchst subjektiv – sie wird durch Ihre höchst eigene Lebensgeschichte bestimmt und ebenso von Ihren ganz persönlichen Erwartungen. Jetzt, da Sie dies wissen, können Sie Ihre Aufmerksamkeit hierauf richten und sich fragen, aufgrund welcher Erfahrungen Sie einen Menschen eingeordnet und warum Sie in einer bestimmten Art und Weise gehandelt haben: Haben Sie beispielsweise sehr heftig reagiert, könnten Sie sich fragen, woher Sie dies bereits kennen. Ebenso wie Erfahrungen spielen auch Erwartungen an einen Menschen eine wichtige Rolle. Erwarten Sie von diesem Sicherheit? Erregung? Autonomie?

Was erwarten Sie von der Person über längere Zeit? Was erwarten Sie in einer bestimmten Situation? Dies könnten Sie bei den nächsten Begegnungen bewusst prüfen.

Zum „Erlernen von Menschen" am Arbeitsplatz gehört, dass Sie Zeit Ihres Lebens auch Muster beziehungsweise Stereotype lernen und auf andere Menschen anwenden. Dies ist Ihnen bisher meist nicht bewusst. Wollen Sie die Wirkung von Menschen im Arbeitsleben auf sich prüfen, sollten Sie solche Schemata berücksichtigen: Sie könnten versuchen zu registrieren, welche Assoziationen und Erwartungen aufgrund von Schlüsselinformationen entstehen, wenn Ihnen ein neuer Kollege angekündigt wird, oder welche Gefühle und Erwartungen Sie an das Verhalten anderer Menschen aufgrund ihrer Rolle haben.

Menschen wirken unterschwellig auf uns, so sie auch auf uns unbewusst reagieren. Wir führen Muster in uns, wie wir Menschen aussuchen und bewerten. Sie sollen nachvollziehen können, dass es sich im Lauf unserer Evolution in unsere Gene eingebrannt hat, dass wir auf bestimmte (Reiz-)Merkmale einer anderen Person reagieren. Dieses Buch hilft zu verstehen, dass viele Entscheidungen unbewusst getroffen werden, jedoch dabei eine Entscheidungsgrundlage vorhanden ist.

Zur unbewussten Wirkung gehört auch die Wirkung auf unsere Emotionen. Die große Macht der Emotionen besteht darin, schreibt Journalist Christian Ankowitsch, „dass sie uns über ihre Rolle völlig im Unklaren lassen, dass sie also Herrscher sind, die keinen Wert auf Selbstdarstellung legen, sondern lieber im Hintergrund ihre Fäden ziehen – wie es sich für eine Weltmacht gehört." Alles, was wir über Menschen am Arbeitsplatz lernen und jede Erfahrung, die wir mit ihnen machen, können wir speichern und bei Bedarf abrufen. Wenn Sie prüfen, welche Wirkung eine Person auf Sie hinterlassen hat, können Sie Ihr Wissen über die Person prüfen, aber Sie sollten auch Ihre Sinne befragen und Ihr Gefühl, das Sie sogar körperlich spüren können. Hören Sie deshalb ab sofort stärker auf Ihre Gefühle und auf Ihr Bauchgefühl. Versuchen Sie, diese Eindrücke bewusst wahrzunehmen. Lernen Sie, wieder in sich hineinzuhören, auf die eigene Intuition zu achten und zu vertrauen. Entwickeln Sie diese Empfindungen für Ihre eigenen Emotionen und Ihre Körperreaktionen. Nehmen Sie also Ihre innere Stimme wahr und prüfen Sie diese für sich. Es gilt einen ausgewogenen Zustand zwischen Emotionalität und Rationalität zu erreichen und vernünftig, das heißt der Situation und dem aktuellen Informationsstand gemäß, zu entscheiden. Ganz besonders möchte ich Ihnen hierzu die Bücher von Maja Storch ans Herz legen, die Sie in mehreren Kapiteln kennen gelernt haben. Ihre Bücher sind sehr praxisnah, umsetzungsorientiert, aber auch mit neuesten wissenschaftlichen Forschungsergebnissen fundiert.

Was Ihre eigene Wirkung auf Menschen anbelangt, kann ich Sie nur ermuntern, sich intensiver damit auseinanderzusetzen, bewusster wahrzunehmen, wie andere Menschen auf Sie reagieren. Sie haben die Möglichkeit, nach Gründen dafür zu forschen und Dinge an Ihnen zu ändern, falls Sie dies wünschen. Bei diesem Prozess kann Ihnen ein erfahrener Coach unterstützend zur Seite stehen und Ihnen mit neutralen Rückmeldungen helfen.

Immer noch werden viele Aspekte der Wirkung von anderen Menschen auf uns verbleiben, denen wir wohl nie selbst auf die Spur kommen. Dies ist beruhigend, weil Begegnungen immer einen Zauber, immer etwas Geheimnisvolles und Unentdecktes haben werden. Denken Sie daran: Die bedeutungsvolle Begegnung mit einem anderen Menschen ändert unser Gehirn. Dies dient dazu, Gefahren von uns abzuwehren und dafür zu sorgen, dass wir uns rundum wohlfühlen.

10. Service

10.1 Internet

10.1.1 Hirnforschung

Informationen

Manifest 2004 – Elf führende Neurowissenschaftler über Gegenwart und Zukunft der Hirnforschung: http://www.gehirn-und-geist.de/manifest/

BrainBlog, News about our knowledge of the brain and behaviour (engl.): http://www.neuropsychological.blogspot.com/

Antworten auf Fragen zur Hirnforschung: www2.unil.ch/edab/old/de/publications/Questions_05_De.pdf

Wikipediaportal Geist und Gehirn: http://de.wikipedia.org/wiki/Portal:Geist_und_Gehirn

Psychologin Maja Storch: http://www.majastorch.de/

Organisationen

Neurowissenschaftliche Gesellschaft: http://nwg.glia.mdc-berlin.de/

Schweizer Gesellschaft für Neurowissenschaft: http://www.swissneuroscience.ch/

The European Dana Alliance for the Brain (EDAB) ist ein Fachverband für Forscher und Neurowissenschaftler der sich für die Öffentlichkeitsarbeit einsetzt: http://edab.dana.org/welcome_de.cfm

GNP (Gesellschaft für Neuropsychologie): http://www.gnp.de/html/wirueberuns/index.php

GNPÖ (Gesellschaft für Neuropsychologie Österreich):
http://www.gnpoe.at/

Neuropsychology Central: http://www.neuropsychologycentral.com/

Federation of European Neuroscience Societies:
http://fens.mdc-berlin.de/ (engl.)

Society for Neuroscience: http://apu.sfn.org/

National Institute of Neurological Disorders and Stroke:
http://www.ninds.nih.gov

Society of Neuroscience: www.sfn.org

Vanderbilt Brain Institute: www.vanderbilt.edu/virtual/school/virtual.htm

Brain Exchange Electronic Mentorship Network: www.beemnet.com

Brain Power Web site: http://faculty.washington.edu/chudler/baw2001.html

Dana Alliance for Brain Initiatives at: www.dana.org

Ausbildung

Institut für Hirnforschung an der Universität Bremen:
http://www.ifh.uni-bremen.de/

Otto-von-Guericke-Universität Magdeburg, Institut für Biologie, Fakultät für Naturwissenschaften: http://www.uni-magdeburg.de/bio/hirnforschung.htm

Paul-Flechsig-Institut für Hirnforschung der Universität Leipzig:
http://www.uni-leipzig.de/~pfi/pfi/de/home/home.html

Institut für Hirnforschung an der Universität Tübingen:
http://www.uni-tuebingen.de/Hirnforschung/index.htm

Hertie-Institut für klinische Hirnforschung: http://www.hih-tuebingen.de/

Medien

Gehirn&Geist ist das Magazin für Psychologie und Hirnforschung aus dem Verlag Spektrum der Wissenschaft: http://www.gehirn-und-geist.de/

10.1.2   Gedächtnis

Das Gedächtnis – eine Einführung von Werner Stangl:
http://arbeitsblaetter.stangl-taller.at/GEDAECHTNIS/

MemoryXL – Europäische Gesellschaft zur Förderung des Gedächtnisses:
http://www.memoryxl.de/_cms/index.php

10.1.3   Attraktivitätsforschung

Auf der Webseite für das Buch „Schönheit. Eine Wissenschaft für sich" von Ulrich Renz finden sich neben Informationen zur Publikation, eine kommentierte Bücherliste und Linkliste, nähere Informationen rund um das Thema „Attraktivitätsforschung": http://www.schoenheitsformel.de

Die Homepage der Uni Regensburg stellt die Ergebnisse eines umfangreichen Forschungsprojekts zur Attraktivität von Gesichtern vor sowie eine Auswahl von Attraktivitäts-Experimenten, die derzeit an der Uni Regensburg laufen: http://www.beautycheck.de/experimente/experimente.htm

Auf der Webseite von G. W. Cichon-Hollander erfahren Sie Interessantes über das Schönheitsideal des menschlichen Körpers in der Kunst: http://www.winifred.cichon.de/

Online-Experimente zur Attraktivitätsforschung

FaceResearch – Psychologische Experimente zu Gesichter- und Stimmvorlieben. Aktuelle wissenschaftliche Forschungsberichte und Onlinestudien zur Rolle des Gesichts für die Schönheit: http://www.faceresearch.org/

Symmetrie – Gesichter können Sie hier online symmetrisieren und Abweichungen von der perfekten Symmetrie in einem Zahlenwert berechnen lassen: http://www.symmeter.com/symfacer.htm

10.1.4   Coaching

Informationen

Die Psychologin Maja Storch bietet Kurse zum Selbstmanagement auf der Basis der aktuellen Erkentnisse der Hirnforschung: http://www.majastorch.de/

Der Coaching-Report ist die Wissensbasis zum Thema „Coaching als Instrument der Personalentwicklung": http://www.coaching-report.de/

Das Coaching-Lexikon ist ein freies Nachschlagewerk zum Thema Coaching: http://www.coaching-lexikon.de

Das Portal informiert über Coaching-Definitionen, -Themen und -Methoden. Des Weiteren hilft die Seite bei der Suche nach einem geeigneten Coach oder einer passenden qualitativen Coaching-Ausbildung oder Weiterbildung: http://www.coaching-informationen.de

Organisationen

Bundesverband für Coaching: http://www.dbvc.de

Deutscher Verband für Coaching und Training (dvct): http://www.dvct.de/

Gesellschaft für Beratung: http://www.dachverband-beratung.de/

Buchtipps

AMBADY, N./ROSENTHAL, R.: Half a Minute: Predicting Teacher Evaluations From Thin Slices of Nonverbal Behavior and Physical Attractiveness. Journal of Personality and Social Psychology, 64, 1993, S. 431-441.

ANKOWITSCH, CH.: Generation Emotion. Die Zukunft der Gefühle und wie sie uns steuern. Berlin 2002.

BARGH, J. A./CHEN, M./BURROWS, L.: Direct effects of trait construct and stereotype activation on action, in: Journal of Personality and Social Psychology, 71 (1996) 2, S. 230–244.

BARTELS, A./ZEKI, S.: The neural correlates of maternal and romantic love. NeuroImage. 2003.11.003.

BAUER, J.: Warum ich fühle, was du fühlst. Intuitive Kommunikation und das Geheimnis der Spiegelneuronen. Hamburg 2006.

BAZIL, V./PIWINGER, M.: Der Ton macht die Musik — Über die Funktion der Stimme in der Kommunikation. In: Bentele, G./Piwinger, M./Schönborn, G. (Hrsg.): Kommunikationsmanagement. Neuwied/Kriftel 2001 ff. (Losebl.), Art. Nr. 128, München 2005.

BISCHOF, N.: Das Rätsel Ödipus. 5. Auflage, München 1989.

BOLT, N.: Haare. 2001.

BRUCE, V.: Visual Perception. New York 2004.

CALVERT, G. A./CAMPBELL, R./BRAMMER, M. J.: Evidence from functional magnetic resonance imaging of crossmodal binding in the human heteromodal cortex. Current Biology, 10, 2000, 649-657.

CARNEGY, D.: Wie man Freunde gewinnt. Die Kunst, beliebt und einflussreich zu werden. Bern 1981.

CIALDINI, R. F.: Die Psychologie des Überzeugens. 4. Auflage. Bern 2001.

CONNIFF, R.: Was für ein Affentheater. Wie tierische Verhaltensweisen unseren Büroalltag bestimmen. Frankfurt 2006.

DAMASIO, A.: Descartes' Irrtum. Fühlen, Denken und das menschliche Gehirn. Berlin 2004.

DAMASIO, A.: Ich fühle, also bin ich. Die Entschlüsselung des Bewusstseins. München 2002.

DIMBERG, U./PETTERSON, M.: Facial reactions to happy and angry facial expressions: evidence for right hemispheric dominance. Psychophysiology 37, S. 693-696, 2000.

DIMBERG, U./THUNBERG, M./ELMEHED, K.: Unconscious facial reactions to emotional facial expressions. Psychological Science 11, S. 86-89, 2000.

DIMBERG, U./THUNBERG, M./GRUNEDAL, S.: Facial reactions to emotional stimuli: automatically controlled emotional responses. Cognition and Emotion 16, 449-471, 2002.

DION, K./BERSCHEID, E./WALSTER, E.: What Is Beautiful Is Good. Journal of Personality and Social Psychology, 24.3, 1972, 285-290.

DOELKER, C.: Ein Bild ist mehr als ein Bild. Visuelle Kompetenz in der Multimedia-Gesellschaft. Dritte Auflage, Stuttgart 2002.

EDELMAN, G. M./TONONI, G.: Gehirn und Geist. Wie aus Materie Bewusstsein entsteht. München 2002.

EISENBERGER, N. I./LIEBERMAN, M. D./WILLIAMS, K. D.: Does Rejection Hurt? An fMRI Study of Social Exclusion. In: Science, Bd. 302, Oktober 2003, 290-292.

EKMAN, P.: Gefühle lesen. Wie Sie Emotionen erkennen und richtig interpretieren. Heidelberg 2007.

FELSER, G./KAUPP, P.: Bin ich so wie du mich siehst? Die Psychologie der Partnerwahrnehmung. München 1999.

FOG, K./BUDTZ, C./YAKABOYLU, B.: Storytelling. Branding in Practise. Berlin 2004.

FÖRSTER, J.: Kleine Einführung in das Schubladendenken: Über Nutzen und Nachteil des Vorurteils. München 2007.

FRENZEL, K./MÜLLER, M./SOTTONG, H. J.: Storytelling, das Harun-al-Rashid-Prinzip. München 2004.

FREY, S.: Die Macht des Bildes. Der Einfluss der non-verbalen Kommunikation auf Kultur und Politik. 2. Auflage, Bern u.a. 2005.

FUCHS, W. T.: Tausend und eine Macht. Marketing und moderne Hirnforschung. Zürich 2005

GALBRAITH, J. K.: Anatomie der Macht. München 1987.

GEGENFURTNER, K. R./WALTER, S./BRAUN, D. I.: Visuelle Informationsverarbeitung im Gehirn. In: Bild, Medien, Wissen. Visuelle Kompetenz im Medienzeitalter. München 2002.

GIGERENZER, G.: Bauchentscheidungen. Die Intelligenz des Unbewussten und die Macht der Intuition. München 2007.

GLADWELL, M.: Blink. Die Macht des Moments. Frankfurt/Main 2005.

GRAMMER, K.: Signale der Liebe. Die biologischen Gesetze der Partnerschaft. 5. Auflage, München 2002.

GREISINGER, M.: Ihr ICH als unverwechselbare MARKE. Entwickeln Sie sich zu ihrem persönlichen PR-Manager. Allensteig 1998.

GRITTMANN, E.: Die Konstruktion von Authentizität: Was ist echt an den Pressefotos im Informationsjournalismus? In: Knieper, T. und Müller, M. G. (Hrsg.): Authentizität und Inszenierung von Bilderwelten, Köln 2003, S. 131-150.

HAMERMESH, D. S./BIDDLE, J. E.: Beauty and the Labor Market, in: The American Economic Review 84, 1994, S. 1174-1194.

HARARI, H./McDAVID, J. W.: Name Stereotypes and Teachers' Expectations. Journal of Educational Psychology 65, 1973, S. 222-225.

HASSEBRAUCK, M./KÜPPER, B.: Warum wir aufeinander fliegen. Die Gesetze der Partnerwahl, Reinbek 2002.

HASSON, U. ET AL.: Intersubject Synchronization of Cortical Activity During Natural Vision. In: Science, Band 303, 2004, S. 1634–1640.

HÄUSEL, H.-G. (HSRG.): Neuromarketing. Freiburg u.a. 2007.

HÄUSEL, H.-G.: Brain Script. Warum Kunden kaufen. Freiburg 2004.

HÄUSEL, H.-G.: Limbic Success. So beherrschen Sie die unbewussten Regeln des Erfolgs – die besten Strategien für Sieger. Freiburg 2002.

HÄUSEL, H.-G.: Think Limbic! Die Macht des Unbewussten verstehen und nutzen für Motivation, Marketing und Management, 4. Auflage, Freiburg 2005.

HÄUSER, J.: Marketing für Trainer. Kein Profi(t) ohne Profil. 3. Auflage, Bonn 2007.

HEBB, D. O.: The Organisation of Behaviour. New York 1949.

HERBST, D.: Ausschnitt Medienbeobachtung: Die Bilderwelten der 15 umsatzstärksten Dax-Konzerne und die Verwendung von Bildern in den Medien. Qualitative und quantitative Studie zu den Bilderwelten der Dax-Unternehmen, Berlin 2005.

HUTCHISON, W. D./DAVIS, K. D./LOZANO, A. M./TASKER, R. R./DOSTROVSKY, J. O.: Pain-related neurons in the human cingulated cortex. Nature Neuroscience 2, 2001, S. 403-405.

HÜTHER, G.: Biologie der Angst. Wie aus Stress Gefühle werden. Göttingen 1997.

KAMPE, K. ET. AL.: Reward value of attractiveness and gaze. In: Nature. Band 413. S. 589.

KANDEL. E.: Auf der Suche nach dem Gedächtnis. Die Entstehung einer neuen Wissenschaft des Geistes. München 2006.

KARMASIN, H.: Produkte als Botschaften. Konsumenten, Marken und Produktstrategien. Landsberg 2007.

KAST, B.: Die Liebe und wie sich Leidenschaft erklärt. Frankfurt 2006.

KAST, B.: Revolution im Kopf. Die Zukunft des Gehirns. 2. Auflage, Berlin 2003.

KOPPETSCH, C. (HRSG.): Körper und Status. Zur Soziologie der Attraktivität. Konstanz 2000.

LANGLOIS, J. H./KALAKANIS, L./RUBINSTEIN, A. J./LARSON, A./HALLAM, M./SMOOT, M.: Maxims or myths of beauty? A meta-analytic and theoretical review. Psychological Bulletin, 126, S. 390-423.

LEDOUX, J. E.: Das Netz der Gefühle. Wie Emotionen entstehen. München 2001.

LIBET, B.: Mind Time. Wie das Gehirn Bewusstsein produziert. Frankfurt/Main 2007.

MOBIUS, M./ROSENBLAT, T. S.: Why beauty matters. American Economic Review, 2006, vol. 96, issue 1, S. 222-235.

NAUMANN, F.: Schöne Menschen haben mehr vom Leben. Die geheime Macht der Attraktivität. Frankfurt/Main 2006.

NEUMANN, R./ROSS, A.: Der perfekte Auftritt. Erste Hilfe für Manager in der Öffentlichkeit. Hamburg 2004.

NOELLE-NEUMANN, E./KEPPLINGER, H. M./DONSBACH, W.: Kampa. Meinungsklima und Medienwirkung im Bundestagswahlkampf 1998. Freiburg/München 1999.

PIWINGER, M./ROSUMEK, L.: Attraktivität als kommunikativer Werttreiber. Auch Kommunikation braucht Sex-Appeal. In: Piwinger, M. (Hrsg.): Kommunikationsmanagement. Loseblattsammlung. März 2006.

PRICKEN, M.: Visuelle Kreativität. Kreativitätstechniken für neue Bilderwelten in Werbung, 3D-Animation & Computer-Games. Mainz 2003.

RENNENKAMPFF, A. V.: Aktivierung und Auswirkungen geschlechtsstereotyper Wahrnehmung von Führungskompetenz im Bewerbungskontext. Dissertation. Mannheim 2005.

RENZ, U.: Schönheit. Eine Wissenschaft für sich. Berlin 2006.

ROTH, G.: Das Gehirn und seine Wirklichkeit. Kognitive Neurobiologie und ihre philosophischen Konsequenzen. 8. Auflage, Frankfurt/Main 2000.

ROTH, G.: Fühlen, Denken, Handeln. Wie das Gehirn unser Verhalten steuert. 4. Auflage, Frankfurt/Main 2003.

ROTH, G.: Persönlichkeit, Entscheidung und Verhalten. Warum es so schwierig ist, sich und andere zu ändern. Stuttgart 2007.

ROTH, G.: Warum ist Einsicht schwer zu vermitteln und schwer zu befolgen? Neue Erkenntnisse aus der Hirnforschung und den Kognitionswissenschaften, Vortrag im Niedersächsischen Landtag am 25.01.2000 (im Internet: http://pweb.de.uu.net/pr-marzluf.hb/rothvor.html).

SCHACTER, D.: Aussetzer. Wie wir vergessen und uns erinnern. Bergisch-Gladbach 2005.

SCHACTER, D.: Wir sind Erinnerung. Gedächtnis und Persönlichkeit. Reinbek 2001.

SCHEIER, C./HELD, D.: Wie Werbung wirkt. Planegg/München 2006.

SCHEIER, C.: Neuromarketing – eine Standortbestimmung. In: Focus Jahrbuch 2006. München 2005, S. 1-15.

SCHIERL, T.: Der Schein der Authentizität, In: Knieper, T./Müller, M. G. (Hrsg.): Authentizität und Inszenierung von Bilderwelten. Köln 2003, S. 150-167.

SCHWARZ, F.: Muster im Kopf. Warum wir denken, was wir denken. Hamburg 2006.

SCHWERTFEGER, B.: Die Bluff-Gesellschaft: Ein Streifzug durch die Welt der Karriere, Weinheim 2002.

SEIDEL, W.: Emotionale Kompetenz. Gehirnforschung und Lebenskunst. München 2004.

SENNETT, R.: Autorität. Frankfurt/Main 1990.

SIEFER, W./WEBER, C.: Ich. Wie wir uns selbst erfinden. Frankfurt/Main 2006.

SINGER, T./SEYMOUR, B./O'DOHERTY, J./KAUBE, H./DOLAN, R. J./FRITH, C. D.: Empathy for pain involves the affective but the sensory components of pain. Science 202, S. 1157-1162, 2004.

SPITZ, R.: Vom Säugling zum Kleinkind. Naturgeschichte der Mutter-Kind-Beziehungen im ersten Lebensjahr. Stuttgart 2005.

SPITZER, M.: Lernen. Gehirnforschung und die Schule des Lebens. Heidelberg 2006.

STORCH, M.: Das Geheimnis kluger Entscheidungen. München 2005.

STORCH, M.: Embodiment. Die Wechselwirkung von Körper und Psyche verstehen und nutzen. Bern 2006.

STORCH, M.: Selbstmanagement ressourcenorientiert. 3. korrigierte Auflage, Bern 2005.

TÖDTER, U./WERNER, J.: Erfolgsfaktor Menschenkenntnis. Berlin 2006.

WILSON, T. D.: Gestatten, mein Name ist ich. Das adaptive Unbewusste – eine psychologische Entdeckungsreise. München und Zürich 2007.

ZIMBARDO, P. G./GERRIG, R. J.: Psychologie, 16. Auflage, Berlin/Heidelberg 2004.